U0736237

10岁前，养成孩子的坚持力

10歳までに身につけたい子供の続ける力

[日] 石田淳◎著
鲍忆涵◎译

人民东方出版传媒
People's Oriental Publishing & Media
東方出版社
The Oriental Press

图字：01-2021-6842

10 SAI MADE NI MINITSUKETAI KODOMO NO TSUTSUKERU CHIKARA

Originally published in Japan by KANKI PUBLISHING INC.,
Chinese (in Simplified characters only) translation rights arranged with KANKI PUBLISHING INC., through Qiantaiyang Cultural Development(Beijing) Co.,Ltd

图书在版编目（CIP）数据

10 岁前，养成孩子的坚持力 /（日）石田淳著；鲍忆涵译 . —北京：东方出版社，2022.3

ISBN 978-7-5207-2525-5

Ⅰ . ① 1… Ⅱ . ①石… ②鲍… Ⅲ . ①家庭教育 Ⅳ . ① G78

中国版本图书馆 CIP 数据核字（2022）第 000687 号

10 岁前，养成孩子的坚持力

（10 SUI QIAN, YANG CHENG HAIZI DE JIANCHILI）

［日］石田淳 / 著　鲍忆涵 / 译

策划编辑：鲁艳芳
责任编辑：王晶晶
出　　版：東方出版社
发　　行：人民东方出版传媒有限公司
地　　址：北京市西城区北三环中路 6 号
邮　　编：100120
印　　刷：北京联兴盛业印刷股份有限公司
版　　次：2022 年 3 月第 1 版
印　　次：2022 年 3 月北京第 1 次印刷
开　　本：880 毫米 ×1230 毫米　1/32
印　　张：5.125
字　　数：95 千字
书　　号：ISBN 978-7-5207-2525-5
定　　价：39.80 元
发行电话：（010）85924663　85924644　85924641

如有印装质量问题，请拨打电话：（010）85924725

目录

CONTENTS

第
2
章

第
3
章

如何让孩子养成有助于培养“坚持力”的生活习惯 / 99

番外

养成良好的学习习惯也离不开“坚持力” / 123

序

“我们家孩子不管做什么都坚持不了太久。”

“我们家孩子自己提出来想学棒球，装备也都给他配齐了，但还没过半年，又提出来想学足球了。一点儿毅力都没有，真是让人头疼。”

“我们家小孩一直在上钢琴课，但是无论我怎么鼓励他，他都坚持不了每天进行自主练习，钢琴水平丝毫没有提升。”

以上这些关于孩子的烦恼，相信大家也一定听到过不少吧。

俗话说得好，“坚持就是胜利”。我非常理解各位爸爸妈妈看到自家孩子缺乏毅力、坚持不下去时的这种心情。

孩子的人生有无限可能

即使是乍一眼看上去无法实现的美好梦想、宏伟目标，只要每天朝着它努力一点点，就有实现的可能。

各位爸爸妈妈也一定希望自己的孩子能够习得“坚持力”，所以才会选择这本书吧。

大家知道“一万小时定律”吗？这个定律是由《纽约客》杂志专职作家、纪实文学家马尔科姆·格拉德威尔提出的。

他在对 IT、音乐、商业等各领域的成功人士进行调查研究后，得出了一个结论：所有成功人士都是经过了一万小时的不懈努力，才变得如此卓越不凡的。

虽然他的调查对象基本都是欧美人，但这个定律显然也适用于大多数人。

日本棒球运动员铃木一郎和足球运动员本田圭佑在他们的毕业论文中都明确写出了自己具体的梦想和目标。除此之外，他们二人还有一个共同点，那就是，他们都进行了大量的练习。

他们的实力与成功都源自每天毫不松懈的练习。

换句话说，无论是谁，只要能够坚持朝着一个目标努力一万小时，那他就一定能够达成这个目标。

但是，有一个大问题，那就是“坚持”的难度。

“收拾玩具”“完成学校布置的作业”，这些看起来都是非常基本的习惯，但是每天坚持去做也是一件非常难的事情。

问题到底出在哪里呢？

“肯定是我们家孩子没有毅力吧。”

“我们家孩子好像意志力很薄弱。”

“我自己也不是个能够坚持的人。这种‘三天打鱼，两天晒网’的性格大概是遗传的吧，我也没办法了。”

真的是这样吗?

坚持不下去是由“性格”“干劲”导致的吗?

不，不，绝不是这样。

你的孩子之所以“坚持不下去”，仅仅是因为不知道“坚持下去的方法”而已。

本书希望能够通过活用“行为科学”，来让孩子们获得“坚持力”。

行为科学最大的特征就是不受“时间、地点、人物”的影响，只要用对方法，便能得到同样的效果。

因此，只要按照本书介绍的方法去做，无论是什么样的孩子，都能掌握“坚持力”，并收获成长。

在孩子掌握了“坚持力”后，家长就可以少花点儿精力在育儿上了，对孩子发脾气、发火的情况也会有所减少。当然，也不会再有“又拿孩子撒气”的自我厌恶感了吧。

本书介绍了让孩子养成各种相关“习惯”的方法以及鼓励其坚持下去的方法。

当然，也没有必要一次性就让孩子养成所有的习惯。

最初的时候，只需要让孩子试着养成一个习惯就足够了。在孩子逐渐养成了其中一个习惯后，再去帮助其养成其他的生活习惯。

“坚持力”的养成是一生之事，不是一时之事。

掌握了“坚持力”的孩子会成长为能够将自己决定要做的事情坚持下去的孩子，也就是“能够掌握自己人生的孩子”。

“坚持力”能够发掘孩子身上潜藏的才能。

行为科学管理研究所所长　石田淳

第1章

只要改变行为 便能习得『坚持力』

稍微注意一下“行为”，孩子便能得到成长！

“只要孩子自己有干劲，那无论什么事情应该都能坚持下来吧。”

“希望我的孩子能够成为自己有干劲并能够努力坚持下去的人。”

我非常理解家长的这种心情。

但是，“有干劲”实际上是一种习惯。

我们常说“涌出干劲”，但是很遗憾，“干劲”是不会自己从人的心中涌出来的。

对于掌握“坚持力”来说，什么才是最重要的呢？

不是“干劲”，而是“行为”。

行为科学的核心理念便是“一切结果都是行为的积累”。

此外，其最重要的原则是“好的结果是好的行为不断重复带来的，坏的结果是坏的行为不断重复造成的”。

下面，我举几个例子来具体阐述一下。

比如，“房间里杂志散落一地”，这一坏的结果就是“看完杂志后，便把它随意一丢”这一坏的行为不断重复造成的。如果将这一坏的行为改变为“看完杂志后，便把它放回书架”这一好的行为，就能够得到“杂志收拾得整整齐齐”这一好的结果。

重要的是把“坏的行为”纠正为“好的行为”，并将其保持下去。这与“干劲”“性格”等几乎没有关系。

无论是多么懒惰的人，或者是心中完全没有“整理房间的干劲”的人，只要能够保持“看完杂志后，便把它放回书架”这一好的行为，并努力将其变成习惯，房间里便不会出现杂志散落一地的情况。

所以，如果想让孩子能够坚持做些什么，家长可以在环境营造方面多下功夫，让孩子更容易保持“好的行为”。

如果孩子不知道该怎么做，那就把“好的行为”教授给他们；如果孩子一直在重复“坏的行为”，那就把“坏的行为”纠正为“好的行为”。

在孩子做出“好的行为”后，给他们能够将其坚持下去的鼓励与支持。

这样一来，“好的行为”便会逐渐变成习惯。在这之后，家长即使不在一旁鼓励支持孩子，孩子也能够自己坚持下去。

没有必要“改变孩子的性格”或是“磨炼孩子的毅力”。

把焦点放在“行为”上才是正确的做法。

将焦点放在“行为”上还有一个好处。那就是，所有的孩子都能得到家长的表扬。

我们在评价一个人的时候，往往会更注重“结果”。

比如，“考试拿了高分”“跑步比赛得了第一名”“在画画比赛中拿了优秀奖”“学会弹奏一首很难的钢琴曲”等。

这样的话，能够得到表扬的只有优秀的孩子或是能够很好地掌握各项事物要领的孩子。那些一直努力重复“好的行为”，但其成效还未体现在结果上的孩子就得不到表扬。

如果你明明已经在努力重复“好的行为”了，但是完全没得到表扬，你会怎么想？

大多数人会觉得很受伤，不想再坚持下去了吧。

正如我此前所说的，“一切结果都是行为的积累”，好的结果是好的行为不断重复带来的。如果不坚持“好的行为”，那自然就得不到“好的结果”。

行为科学注重的是“行为”，而不是“结果”。只要孩子是在进行“好的行为”，即使其成效尚未在结果中显现出来，那也是能够得到表扬的。也就是说，所有孩子都能得到表扬。

当然，如果孩子在进行“坏的行为”，那自然就有必要帮助孩子纠正。当孩子不再进行“坏的行为”后，便也能得到表扬了。

行为科学不受“时间、地点、人物”的影响，只要用对方法，便能得到同样的效果

本书所教授的方法全部基于“行为科学”，下面我就来简单介绍一下“行为科学”。提到“行为科学”，大家可能会觉得是门很难的学问，但实际上并不是这样的。

我平时所主张的“行为科学”理论，是在应用了源自美国的“行为分析学”后得来的。

正如其名所示，行为科学是“分析行为的学问”。其研究主题众多，比如“（某人）为什么做出这种行为”“怎么做才能让人多进行这种行为呢”“怎么做才能让人少进行这种行为呢”等。其研究对象不是内心，也不是大脑，而是“行为”。

最初，人们是通过在实验室进行的实验、调查等来研究“人做出某种行为、停止某种行为的结构法则”。

接着，人们开始研究如何将这种“行为的结构法则”应用到日常生活中。20 世纪 60 年代后期，这一结构法则被应用到美国

的大企业、政府中。

在那里工作的人们都非常享受自己的工作，并且能够最大限度地发挥出自己的才能。因此，我们引进了这种方法，希望也能创造出那样的环境。

凡是运用“行为科学”进行管理的企业、组织基本上都大获成功，因而这种管理方法也迅速向更多的企业、组织内部渗透。目前，欧美国家有大量的企业、国家机构都在运用这一方法。

而我所主张的“行为科学（管理）”便是在根据本土文化以及社会环境等对这一方法进行“再加工”后的产物。

行为科学的应用在教育领域的成效最为显著。其先驱是创立于 20 世纪 80 年代初，位于华盛顿州西雅图的晨边学院（Morning Side Academy），相当于私立中小学校。

这所学校是专为不具备基础学习能力的孩子所设的，旨在帮助这些孩子弥补学习上的滞后，然后使其能够回到普通学校。该校的学生大多是有学习障碍症（Learning disabilities，LD）、注意力缺陷与多动障碍（Attention deficit and hyperactivity disorder，ADHD）的孩子，或是因为住院而长时间休学的孩子。通过设立目标并对照实施学习计划、使用图表进行每日反馈，再通过表扬实现“行为强化”（第 22 页）等行为科学领域的方式方法，让原本连简单的计算、读写都没完全掌握的孩子能够在一年内掌握两学期的学习内容，回归普通学校。

虽然该校承诺“若孩子的学习能力没有提高就全额退还学费”，但实际上只有不到1%的人要求学校全额退还学费。

“行为分析学”是从大量实验结果中推导出来的科学理论。因此，它与数学公式、物理法则一样，在相同的条件下便会得到相同的结果。

也就是说，不受“时间、地点、人物”的影响，只要用对方法，便能得到同样的效果。

当然，也不受家长自身素质，孩子的年龄、性别、在家中排行等因素的影响。只要按照本书教授的方法去做，便一定会有效果。

那么，就让我们充满自信开始实战吧！

坚持不下去的原因只有两个

明明下定决心要坚持学习、减肥、整理、记账……但是，却坚持不下去。相信大多数人都有过类似的经历吧。

那么，为什么我们会坚持不下去呢?

坚持不下去的原因只有两个——一个是“不知道方法”，另一个是“知道方法，但是不知道该如何坚持”。

首先，为了解决“不知道方法”这个问题，就有必要提前了解行为的基本法则。

人在做出某种“行为”时，都是遵循了一定的法则的。

我来举一个简单的例子。无论是在家里，还是在单位，只要天色变暗，我们就会很自然地打开房间里的灯，因为在黑暗的环境中，我们很难正常生活或是工作。开灯后，房间便会变得明亮，能够消除黑暗所带来的不便。

当然，我们在开灯时是不会考虑那么多的。“天黑便开灯”这一行为在不断重复的过程中就变成了习惯。

我们在坚持“开灯”这一习惯的时候，自然也不需要“动机”或者“毅力”。

如果能得到“好的结果”，无论是孩子还是大人都会愿意反复进行某一行为

在行为科学中，“开灯”这一“行为”是这样产生的：

A 前提条件“一到傍晚，房间就变得很暗”

B 行为“打开开关”

C 结果“开灯后，房间就变得明亮了”

前提条件 A 指的是人在做出某种行为前的环境、促成这一行为的条件（目的、目标、最后期限等）。

由这三个要素构成的一系列流程被称为“ABC 模式”，A=Antecedent（前提条件）、B=Behavior（行为）、C=Consequence（结果）。所有的行为都可以用“ABC 模式”来解释。

比如，

A 前提条件“地铁中很热”

B 行为“脱掉外衣”

C 结果“变凉快了”

再比如，

A 前提条件“朋友给我带了点心”

B 行为“吃”

C 结果“特别好吃”

在这两个例子中，人的“行为（B）”导致了“凉快”“好吃”这样“好的结果（C）”。

像这样，如果得到的结果（C）正是其本人所期望的，那当前提条件（A）再次出现时，我们再次进行行为（B）的可能性就会大幅增加。

那么，在做出行为（B）后，就又会得到好的结果（C）。也就是说，在同样的前提条件（A）下，又会做出行为（B），并得到好的结果（C）。

在形成（A）→（B）→（C）→（A）这样的循环后，人们就会不断重复同样的行为（B）。像这样，同一行为不断重复，最后就变成了习惯。

那么，如果（C）是“不好的结果”，那又会是怎样的情况呢？

让我们再以刚才的“吃点心”为例，来具体分析一下。

A 前提条件“朋友给我带了点心”

B 行为“吃”

C 结果“点心里有自己不喜欢的水果”

如果一口咬下去觉得很好吃，那就一定会想继续吃这个点心，甚至有些人还会记住店名，下次再专程赶过去买。

但是，如果吃了以后发现里头有自己不喜欢的水果，那“吃”这一行为再次出现的可能性就会显著降低。有人或许会觉得这是朋友特意带来的点心，不吃有些过意不去，便勉强吃了下去。但是，吃这个点心并不会成为那个人的习惯。

也就是说，可以用“ABC 模式”简单阐述“行为的基本原则”，具体见下图：

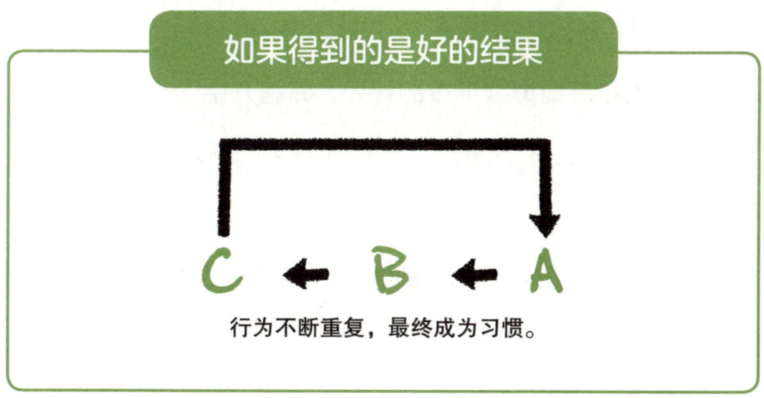

行为不断重复，最终成为习惯。

人在做出某种行为后，如果得到了好的结果，那便会重复该行为。

再举一个更贴近实际的例子，那便是孩子玩耍的场景。

孩子们之所以不断重复玩滑梯、索道、雪橇等，就是因为他们在这个过程中得到了“快乐”“好玩”等“好的结果”，进而，可以乐此不疲地无数次爬上滑梯的台阶。

了解“不足行为”和“过度行为”

所有的“行为”都可以归入“不足行为”或“过度行为”这两大范畴。

首先是“不足行为”。

它指的是想要继续下去的行为、即将开始的行为。由于在现阶段进行得还不够充分，于是称其为“不足行为（不足的行为）”。

比如，孩子们读书、上兴趣班等。对于大人来说，就是英语学习、减肥等。

接着是“过度行为”。

它指的是日常已经在做的行为、想要减少（或者停止）的行为。

比如，如果出现了“想要少花点儿时间在游戏、漫画上”这样的想法，那“玩游戏”“看漫画”便成了过度行为。对于大人来说，就是抽烟、乱花钱等“不好的习惯”。

这两类行为有非常显著的特征。即“明明想要多进行不足行为，但却往往难以增加”“明明想要少进行过度行为，但却往往难以减少”。

所以，人们明明想要坚持练习英语口语、减肥、戒烟，但却往往难以坚持下去。对此，相信很多人也都深有体会。

无法坚持“不足行为”，但却在不断进行“过度行为”的原因

为什么无法坚持“不足行为”呢？

原因有两个。

- 无法迅速得到“好的结果”
- 存在强劲的“对手”

首先我们来说说第一个原因——无法迅速得到“好的结果”。

本书的第 11 页已经对行为的基本法则（ABC 模式）进行了阐释。从中我们可以得知，如果某种行为能够带来好的结果，那我们就会不断重复这一行为。

此前我已经举了“开灯后房间便会变得明亮”、“脱下外套便会觉得凉快”以及“吃了点心后觉得很好吃”这三个具体的例子。在这三个例子中，人们在做出某种行为后，便立刻得到了“好的结果”。

但是，对于大部分“想要坚持下去的事情”，我们在做出相应的行为后，并不能立刻感受到“好的结果”。

如果坚持每天听广播里的英语频道，并认真复习相关内容，那语言能力便一定能得到提高。但是，只听一次广播并不能让我们立刻掌握一口流利的英语，也不能让我们一字不落地听懂母语者的对话。

同样地，如果孩子每天都很踏实认真地练习钢琴、小提琴，那便能逐步提高自己的琴技。但是，不可能出现今天努力练习一小时就立刻能够弹奏难度极大的曲子这样的事情。

在做出某种行为后，如果能得到“好的结果”，那就比较容易重复这种行为（容易坚持），但是如果不能立刻得到“好的结果”，那就比较难以继续坚持这种行为。

难以坚持不足行为的另一个原因是“存在强劲的‘对手’”。“对手”指的是妨碍我们进行不足行为的行为。一般来说，妨碍我们进行不足行为的行为大多都是对我们来说很有吸引力的行为，在行为科学中，我们称其为“对立行为”。

比如，孩子虽然想着“必须好好学习了”，但最终还是拿起了桌上的漫画书。这种情况下，“看漫画”便是对立行为。

妈妈们一定都有过这样的经历，明明是为了下载记账软件才打开手机的，但一打开手机就开始搜索与自己喜欢的演员相关的信息。在这种情况下，“在网上搜索感兴趣的话题”便是对立行为。

“对立行为”的特点是能够迅速得到“好的结果”。因此，我们往往会把不足行为扔在一边，陷入对立行为。

另一方面，能够把“过度行为”坚持下去的原因则只有一个——立刻就能得到“好的结果”。

孩子之所以听不进劝告终日沉迷于打游戏，就是因为他们在这一过程中得到了“快乐”；爱抽烟的爸爸之所以戒不了烟，就是因为对于他们来说香烟具有“振作精神”“清醒头脑”的效果。

大家都明白了难以坚持不足行为和容易坚持过度行为的原因了吧。

下一章，我们将谈谈如何创造环境，让孩子更好地掌握坚持力。

第 1 章总结 〉〉〉〉〉

• 掌握坚持力的关键不在于干劲和动力，而在于“行为”。

• 行为科学不受“时间、地点、人物”的影响，只要按照要求去做就能收获同样的效果。

• 坚持不下去的原因只有两个，一个是“不知道方法”，还有一个是“知道方法，但是不知道该如何坚持”。

栏目 1 〉〉〉〉〉

爸爸妈妈的情绪控制法

作为家长，我们需要掌握各种各样的能力。其中，最重要的一项就是控制情绪的能力。

当孩子干坏事的时候、当孩子没做该做之事的时候，无论是谁都有可能会大发雷霆。但是，这解决不了任何问题。

家长大发雷霆后，孩子的确会迅速停止错误行为，但是，他们只是暂时停止而已。如果家长不把正确的做法告诉孩子，孩子的错误行为就无法得到纠正。如果家长总是情绪失控，对着孩子大吼大叫，孩子便会体会到“绝望感”（第 85 页）。

控制愤怒情绪的方法有很多种：

- 深呼吸，心里从 1 数到 10
- 喝一杯水
- 放自己喜欢的音乐
- 到家附近散步 2~3 分钟
- 在纸上写下想对孩子说的话

当你实在忍不下去的时候，请一定尝试一下以上这些方法，相信总有一种方法适合你。

第2章

创造环境，让孩子能够更容易地掌握『坚持力』

坚持“表扬”

在本章中，我会和大家介绍有关创造环境让孩子更容易坚持下去的内容。非常简单，现在大家就可以尝试起来了。

正如我在第 1 章中已经介绍过的，人在做出某种行为后，如果能收获“好的结果”，那该行为就会得到不断的重复。

在行为科学领域，我们将这种现象解释为行为因“好的结果”而得到了“强化”。

在行为得到强化后，人们就会不断重复这种行为。

“吃点心”这一行为因为“好吃”这一“好的结果”而得到了“强化”。因此，“吃那种点心”的行为还会重复。

另一方面，像英语学习、腹部肌肉锻炼这种想要坚持下去的“不足行为”，大多数情况下都不会在行为后立刻收获“好的结果”。

虽然大家都知道只要不断努力就一定能看到成效，但是还是有人无法坚持下去。这不是因为没有毅力，也不是因为意志力薄弱。在行为科学领域，这只是因为该行为没有得到“强化”

而已。

那么，如何才能让想继续做下去的行为得到“强化”呢？很简单，在进行某种行为后，有意给出“好的结果”即可。

有意给出的“好的结果”是什么呢？不需要特别的准备，也完全不费时费力，还不需要花钱。

答案就是给予“表扬”和“认可”。

当人的某种行为被认可后，这种行为就会得到“强化”，从而促使人不断重复这一行为。

假设你送给别人一件礼物，如果对方开心地说“谢谢”，或表示“我之前就一直想要这个”，“好棒，你可真有品位”，那你大概会想再送个礼物给他吧。

但是，如果对方表示“什么？这可真俗气……”“你送的这个礼物我用不上啊”，那你大概再也不会送他礼物了吧。

孩子也是一样，他们渴望得到家长的认可，并在这个过程中不断成长。

因此，对于孩子来说，能得到爸爸妈妈的表扬是世界上最开心的事。在孩子进行了“想要坚持的行为（不足行为）”后，如果能够立刻得到爸爸妈妈的表扬，那“被爸爸妈妈表扬了，好开心”这一“好的结果”便会起到强化行为的作用。

完成数学练习→被表扬

帮忙干活→被感谢

在孩子完成家长想要其坚持下去的行为后，如果让孩子感受到获得了“好的结果”，那这一行为就得到了强化，孩子便也能够继续坚持下去。

我将在第 4 章详细介绍有关“表扬、认可”的内容。

坚持下去的关键

让孩子能够坚持下去的关键有两点——减少对立行为和创造合适的环境。

明明必须学习了，但还是忍不住看起了漫画。为了让孩子尽量减少“看漫画”这一对立行为，爸爸妈妈可以为孩子创造合适的环境。如，不在孩子学习的地方，或者孩子目之所及处放漫画书。

如果孩子很喜欢看电视，那就在要开始学习前关掉电视，把遥控器收起来。

首先，好好观察哪些行为是妨碍孩子进行“想要坚持的行为（不足行为）”的对立行为。然后，为孩子创造难以进行对立行为的环境。

这样一来，就可以有效避免对立行为妨碍孩子进行“想要坚持的行为（不足行为）”。

在让孩子养成良好的学习、阅读习惯的过程中，爸爸妈妈的行为至关重要。

当孩子想要集中精力学习的时候，爸爸却在旁边房间一边看电视一边大笑；当孩子刚想看书的时候，妈妈却开始玩手机游戏……无疑，这些都是不可取的。爸爸妈妈要做好榜样，可以在一旁安静地阅读，或者看报纸等。

降低“不足行为”的难度

要想孩子多做“想要坚持的行为（不足行为）”，还有一个诀窍——降低“不足行为”的难度。

“降低难度”就是指清除所有妨碍该行为的障碍，创造让行为顺利进行的环境。

假设你得知“转呼啦圈对减肥有显著效果”，于是下定决心一天转两次。由于呼啦圈体积很大，你便买了个组装式的。若将呼啦圈随意扔在房间里，一定会给家人带来不便，所以你就必须把呼啦圈的各个部件都拆卸下来，然后放进柜子里。要转呼啦圈时，你就需要打开柜门，拿出呼啦圈的各个部件，然后把其组装起来。锻炼完后，则需要把呼啦圈再次拆卸、放回柜子里。

像这样麻烦的事情，怎么可能坚持一天进行两次呢。

就如这个例子中提到的一样，日常生活中有许多事物都会阻碍行为的进行。

因此，我们要做的就是改善这种情况。

• 将散步用的运动服放在二楼的衣橱里，然后在出门散步前专门跑到二楼去换衣服。这不免有些麻烦。

改善

将运动服放到一楼。

孩子也是一样。

• 孩子总是找不到每天要用到的数学练习本。每次找练习本就要花 3~5 分钟。

改善

在客厅的柜子里设置一块区域专门用于放置文具、练习本等。

• 一到冬天，钢琴房里就会变得非常寒冷，孩子都不怎么想去。

改善

下定决心，把钢琴放到别的地方。

你家中的环境能够让孩子立刻进行“想要坚持的行为（不足行为）”吗？

请大家一定好好检查一下，清除所有可能的障碍吧。

规定时间和地点

“一天刷两次牙。不过时间和地点可以自由选择。”在这种情况下，孩子是无法养成刷牙的习惯的。

规定的时间和规定的地点，其实也是让行为成为习惯的重要条件。

“每天早上 8 点和晚上 7 点在洗手间刷牙。”

规定了时间和地点后，接下来就是按照要求执行了。

不过，靠孩子自己是很难完成任务的，爸爸妈妈要做好辅助工作，提醒孩子时间到了，该去刷牙了。

为了不错过时间，爸爸妈妈还可以在手机上设置闹钟，进行每日提醒。

同时，还可以在洗手间的地板上标记出来，告诉孩子“这是刷牙的地方哦！”。

如果孩子还够不到洗手池，可以在孩子脚下垫个小底托。

这样一来，孩子就能更好地把注意力集中在刷牙这件事上了。

我也尝试过“规定地点”的方法。

我非常喜欢看书，无论多忙都能轻易地挤出时间来看自己喜欢的书。但是，我也会遇到不怎么感兴趣，却又因故不得不读的书，这让我感到有些吃力。因为没有干劲，如果不下功夫，就永远读不下去。

于是，我便把阅读“必须阅读的书”的地点定在了某个咖啡店。我每次前往那个咖啡店时，都不带电脑、手机等，只带“必须阅读的书”和钱包。

在我的脑海中，那个咖啡店和“阅读必须阅读的书”这一行为是紧密相连的。由于切断了信息（清除了“不由自主地去看信息”这一对立行为），因此我做到了将注意力仅集中于阅读上。

和大家分享这个小故事，就是想让大家明白规定时间和地点是非常重要的。一旦养成了刷牙的习惯，即使每天稍微错开一点儿时间，或者出去旅游也就都没关系了。

换种角度看待“过度行为”

我们要怎么对待“想要减少的行为（过度行为）”呢？

在进行过度行为后，我们能迅速得到“好的结果”。比如，“吃了以后发现很好吃”“看了以后觉得很有意思”等。

而家长是无法给予孩子类似这样的“好的结果”的。

以游戏为例。拥有众多粉丝的热门游戏，集结了优秀的创作者，还具备让玩家着迷的故事、角色、道具、操作方法等要素。因此，这样的游戏自然是有趣、好玩的。

让我们试着转换一下思维。在规定“一天最多玩一小时游戏”后，请在孩子每个遵守这一规定的日子里，给予他类似“太棒了！”“了不起！”这样的称赞吧。

这样一来，“打游戏”这一“想要减少却难以减少的过度行为”就转化为“只玩一个小时游戏”这一“想不断增加的不足行为”了。

前面我们已经谈过增加不足行为的方法了。只要给予表扬和认可即可。

当然，孩子可能还想继续玩游戏，但如果“只玩一小时”这一行为能够得到爸爸妈妈满脸笑容的表扬，那他也会非常开心。

由于想得到表扬，孩子就很有可能重复进行“只玩一小时游戏”这一行为。

对于家长来说，笑着表扬孩子“你能自觉遵守时间，可真棒！”“不愧是你！”会让人感到更加轻松愉快。没人想一直对孩子发火，怒吼“你要玩到什么时候！”“差不多得了！”之类的。

第 2 章总结 〉〉〉〉〉

- 让孩子掌握“坚持力”的关键是“表扬”。
- 爸爸妈妈要注意提防对立行为，尽量不要让其出现。
- 帮助孩子清除障碍，让其顺利进行“想要坚持的行为”。
- 通过规定时间和地点的方法来掌握“坚持力”。
- 对于“想要减少的行为”，可以转换一下思维。

栏目 2 〉〉〉〉〉

一起来写“美好日记”吧

无论是谁都有忍不住发火的时候。尤其是，还有些人本来就比较容易发火。容易发火的人都有一个共同点，那就是“幸福感”比较弱。“幸福感”比较弱的人往往难以察觉所处环境的美好之处，只能看到不好的事情。我非常建议这些人写“美好日记”。

方法很简单，只要在睡前写下一天中发生或见到的三件美好的事情即可。

这里所说的“美好的事情”不必“惊天动地”，也可以是看起来非常普通的小事，比如：

妈妈的朋友夸我的包好看

会议进行得很顺利

中午随便进了一家餐厅，发现他们家的午餐很好吃

幸福不是买完东西后的快感，也不是捡到了别人不小心掉在路边的东西。一个人是否幸福，取决于他本人是怎么看待事物的。

几乎所有人在坚持写了三周“美好日记”后，幸福感都得到了提升，出现愤怒情绪的频率也大幅下降。“宝宝，今天有这么一件好事……”如果每晚家长都和孩子一边谈论今天发生的美好之事一边入睡的话，那这个孩子一定会成长为一个幸福感很强的人。

第3章

教孩子掌握『坚持力』

只要多关注孩子的行为，就能成功教孩子掌握“坚持力”

在这一章中，我们将谈谈如何解决“知道方法，但是不知道该如何坚持”这一问题。

为了教会孩子做事的方法，家长“如何教”是非常重要的。

那么，该如何教孩子做“想要坚持下去的事情”呢？首先，必须明白什么是“教”。

不管教的内容是什么、教的对象是谁，其中都有一个共同点——其目的都是让对方做出“期望的行为”。比如，无论教的是打招呼的方法、煎鸡蛋的做法还是两位数的乘法，也不管教的对象是大人还是小孩，都是如此。

教打招呼的方法是为了让对方无论何时都能“用合适的语言和礼节来打招呼”。

教煎鸡蛋的做法是为了让对方能够“按照正确的步骤煎鸡蛋”。

教两位数的乘法是为了让对方能够“将两位数字和两位数字

相乘，并得出正确答案”。

这样一看，仿佛都是理所当然的事情。

但是很少有人平时就注意教孩子一些方法，引导孩子做出“期望的行为”。

在教孩子做事时，也请大家时刻记住“行为”是其中的关键。

使用具体的行为指令教育孩子

试着列举在教孩子做事的时候，我们常说的“台词”。

顺便说一下，这里列举的都是“反面事例”，请大家一边看一边思考哪里是不对的。

“喂，你要好好做啊。”

“再好好搅拌一下！”

“好好排队！”

大家注意到了吧，这三种表达都很模糊，缺乏具体性。这样的话，孩子就完全不知道该怎么做了，会觉得很迷惘：“明明很努力地在排队，但爸爸妈妈还老是批评我，让我‘好好排队’。完全不知道是什么情况……”

再比如，在家长给出“好好干”的指令时，很有可能会出现这种奇怪的现象，明明妈妈夸道：“你在好好干，真不错。”而爸爸却批评道：“完全没看出来你在好好干。”

那究竟该怎么做才好呢？

这就需要将希望孩子掌握的“行为”具体化。这是最基本的

原则。

将表达方式具体化的最关键在于“无论向谁下达指示，所有人都能做出同样的行为”。

以前面提到的“好好地”这一表达方式为例。

在给出“把玄关那儿的鞋子好好地摆整齐”这样的指示后，不同人的摆放方式就可能会不同，有的人会把鞋子纵向摆成一列，有的人会把散落在各处的鞋子“就地”一双双摆整齐，也有的人会按照鞋子的大小进行摆放，还有的人会把鞋子全部放到鞋柜里。

这是因为在下指令的时候没有具体说明应该如何摆放鞋子。

“把鞋子沿着这条线（地板框）摆放，鞋尖都朝门的方向。摆放顺序则没有特别的要求”。像这样抓住要点下指令的话，无论是由谁来摆放，其最终的摆放结果都将如下指令人所愿。

如果家长能够用具体的语言来描述希望孩子所进行的特定行为，那孩子就能够非常清楚地知道该怎么做了。不仅如此，这也能帮助家长更好地判断孩子究竟做得是好还是坏。这样一来：

- 当孩子做得好的时候，家长就可以毫不吝啬地称赞孩子“做得很好”！
- 当孩子做得不好的时候，家长就可以指导孩子通过反复练习来掌握。

抓住具体要点下指令

“把鞋子沿着这条线（地板框）摆放，鞋尖都朝门的方向。摆放顺序则没有特别的要求。”如果按照这种方式来传达，那无论是谁都会采取同样的方式来摆放鞋子。

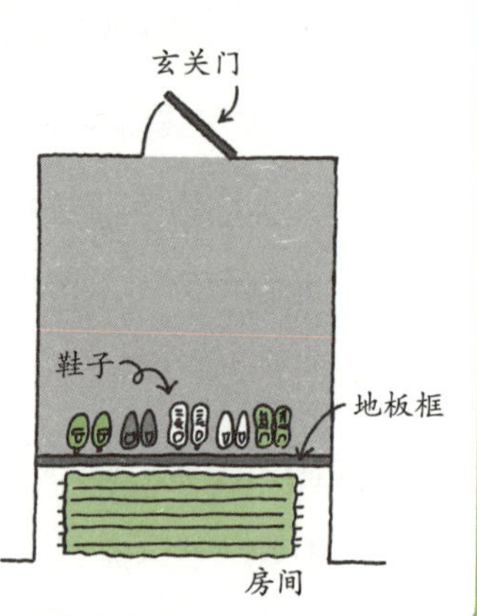

用具体的语言来表达的另一个关键，便是在指令中加入与“次数”“时间”等相关的数字。

在能够运用“次数”“时间”等来表现的情况下，请务必用具体的数字来描述某个行为要做到什么程度。比如，“搅拌 30 次”“就这样按着，一直数到 10”“努力坚持 5 分钟”等。

将要做之事分成几个步骤

我想问大家一个问题，你能把塑料瓶里的饮料倒进杯子里吗？

当然可以吧。那么，请大家假设一下，现在有一个人从未碰过塑料瓶，也未见过别人是怎么把饮料从塑料瓶中倒进杯子的，而你要教会他这一行为。下面，就请大家拿出纸笔，尽可能详细地写下“将塑料瓶里的饮料倒进杯子，再将塑料瓶的瓶盖盖上”的具体步骤，或者在脑海里构思一下吧。

你将这一行为分了几个步骤呢？

或许有人认为，只有“打开瓶盖”“往杯子里倒饮料”“盖上瓶盖”这三个步骤。

如果是我的话，会这样分解（如下图）。

将塑料瓶中的饮料倒入杯子里的方法

1. 用左手拿起塑料瓶
2. 用右手抓住瓶盖
3. 沿着逆时针的方向旋转瓶盖，把瓶盖拧开
4. 把瓶盖放在桌子上
5. 换右手拿塑料瓶
6. 把塑料瓶拿到杯子上方
7. 把塑料瓶瓶口朝下倾斜
8. 具体倾斜至能让饮料一点点倒出来的角度
9. 倒完饮料后，将塑料瓶恢复至垂直状态
10. 把塑料瓶放在桌子上
11. 用右手拿起瓶盖
12. 用左手拿起塑料瓶
13. 把瓶盖盖在塑料瓶瓶口上
14. 沿着顺时针旋的方向转瓶盖，把瓶盖拧紧
15. 放下拧好瓶盖的塑料瓶

我在这里就暂且先将这一行为分解成 15 个步骤，实际上还可以分得再细一些。

对于本就会把塑料瓶里的饮料倒进杯子里的人来说，这一连串的步骤根本不算什么，都是小儿科。但是，对于不知道做法的人和没有掌握方法的人来说，这一点儿也不简单。

如果像这样详细地说明步骤的话，那无论是第一次尝试把塑料瓶里的饮料倒进杯子里的人，还是尚未熟练掌握这一操作方法的人，都可以正确地做好这件事。

像这样将一连串的行为分解成若干个细小步骤的方法，在行为科学的世界里，被称为“行为分解”。在教孩子做事情的时候，预先将该行为进行分解的好处有两个：

- 便于孩子理解具体的“做法”
- 便于孩子“复刻”这一连串的行为

除此之外，当孩子做不好某一行为的时候，行为分解的另一个好处便会显现。

当行为被细化分解后，就能清楚地知道孩子是在哪个步骤遇到了挫折。

只要让孩子反复练习推进不顺利的那一个或几个步骤，他就能成功完成这一连串的行为。

制作核查表

以“盛饭”为例，可以像下页那样对这一过程进行分解。

把这个过程分步骤写在一张纸上后，我们就能得到正确的盛饭方法“核查表”了。在此基础上，由父母做示范，从步骤 1 开始依次说明，然后让孩子自己尝试。

当然，如果你觉得孩子无法一下子完成从 1 到 9 的全部步骤，那么可以先让他做步骤 3 到 5，或者今天只教步骤 3。具体的操作方法可以因人而异，没有严格的限制。

在孩子自己能够完成的步骤前面画〇，在需要练习的步骤前面画△。这样一来，孩子会做的步骤和不会做的步骤便一目了然了。

盛饭的正确方法

核查

□ 1. 拿着饭碗，走到电饭煲前

□ 2. 打开电饭煲的盖子

□ 3. 用左手拿着饭碗（大拇指放在饭碗的上侧边缘，其他手指托住饭碗底部）

□ 4. 用右手拿起饭勺。若饭勺有正反两面，则将其正面朝向里侧

□ 5. 用饭勺把饭舀起来，然后翻转饭勺，把饭扣到饭碗里（最好是盛想吃量的一半）

□ 6. 重复步骤 5，直至盛到想吃的量为止

□ 7. 把饭勺放回规定的地方

□ 8. 盖上电饭煲的盖子

□ 9. 端着饭碗回到餐桌

如果所有步骤的前面都是○的话，那就算是掌握了盛饭这一行为。

这个核查表上的步骤虽然还不够严密，但对于一般的需要检查是否还有未尽之事的行为来说，也能发挥不错的效果。例如，塑料瓶的分类。

- 取下瓶盖放入规定的盒子里
- 揭下标签
- 用水将瓶子内部洗干净
- 把塑料瓶压扁

在这种情况下，即使按照“取下瓶盖→用水冲洗→撕下标签”的顺序，只要最后把瓶子压扁，那也能够顺利完成塑料瓶的分类。但是，只要忘记了其中任何一个步骤，那这个分类就是不成功的。

因此，请大家将这四个步骤一一教给孩子。在孩子学会后，也依旧可以在厨房贴上“核查表（只要分条写上盖子 / 标签 / 清洗 / 压扁即可）”。这样一来，孩子便能够对照核查表，完美地完成分类工作了。当然，也要教会孩子如何“对照核查表来进行分类，从而避免漏项”。

这样的核查表被广泛应用于工厂、服务行业等领域。

也许你会觉得这样做有点儿麻烦，但这确实能让孩子高效地学会“想要掌握的行为”。另外，“为什么总是学不会！”这样的怒吼也会随之消失。

教学要点

无论对象是孩子还是大人，“教”别人都是一件相当困难的事情。

下面，我就来简单介绍一下教育圈内非常有名的“加尼耶九教授现象”，以供大家在教孩子时参考。

虽然这个说法听起来有点儿难，但这里列举的 9 个要点绝对不是什么难以理解的东西，只要大家在教孩子时能够有意识地去运用它们，就一定能帮助孩子更顺利地学会我们所教授的内容。

我会用简单易懂的表达方式来介绍。大家在看完后，如果觉得有一两处可取之处，请一定要尝试一下。

1. 让对方把注意力放在你身上

孩子在玩耍或者看电视的时候，无论你教什么，他们都是听不进去的。因此，在开始授课前，可以先说一句“现在开始教 ×× 的方法了哦”，把孩子的注意力吸引到你身上。

唱一首和想教内容相关的歌，讲一个简短的故事，从而让孩子产生兴趣也是个不错的选择。

2. 明确目标

首先要告诉孩子在掌握了接下来要教的内容后，他们能干成什么，或者能获得什么好处。比如，“学会词典的使用方法后，如果在书上或电视上看到了不懂的词语，就能马上查到哦。”“学会如何给花浇水后，宝贝就能每天帮妈妈浇花了，妈妈就会轻松很多了哦。”这样说的话，孩子就会变得充满干劲，兴奋地嚷着：“快教我吧，快教我吧！”

3. 回忆学过的知识

在学习新事物的时候，如果以前学过与之相关的基础知识，那首先要做的，就是帮助孩子回忆起这些必要的知识。

例如，如果要在平板电脑上教孩子新应用程序的使用方法，就需要温习以前应该已经掌握的相关知识和操作，如应用程序的打开、点击和滑动等基本操作。

就像“盛饭的正确方法”核查表一样，家长如果是把几个步骤分阶段地教给孩子的话，那么在教新内容前，就要把之前应该掌握的步骤再复习一遍。

4. 教授新内容

正如我反复强调的那样，在教孩子做事时，要采用具体的表达方式。类似“好好地”“尽量地”“狠狠地”等抽象的表达方式是不行的。

在光靠语言很难解释清楚的情况下，父母可以给孩子做示范，这是最好的方法。

基本流程如下：父母做给孩子看→和孩子一起做→让孩子自己做。

另外，一次教太多的东西，孩子掌握起来有困难，所以要注意把握量，一次只教三项以内的内容（不仅是孩子，大人也一样）。

5. 多次重复

“我以为用过一次这台机器就能记住它的使用方法了，没想到现在突然忘了……”

你也有过这样的经历吧。只要不是记忆力超强的人，突然忘了怎么做之前只做过一次的事情是很正常的。

小孩子更是如此。因此，“多次重复”是必不可少的。如果孩子一次记不住，或者下次又忘记了该怎么做，请不要批评他们，要愉快而耐心地陪他们反复练习。

6. 检查所教的内容是否被正确传授了

如果是需要用身体完成的事情，就让孩子去做做看；如果教的是“知识”，那就以问答的形式去提问。

这里需要检查的是“是否正确传授了”。

如果孩子记错了，那不是孩子的错，而是因为父母未采用最佳的教育方式。这个时候，就请用不同的方式再教孩子一遍吧。

7. 给孩子反馈

在步骤 6 中，如果孩子做得正确（或者理解正确），就表扬他们：“做得很棒！”

如果检查后发现孩子做得不对，就要告诉他们：“不是这样做的，而是这样做的，再试一次吧。”然后再回到步骤 4。

8. 检查是否掌握了

教完后，不仅要立即进行“现场验收”，之后也要时不时地用“做一做”“我问你答”等方法进行检查。

9. 反复练习

在教完之后的几周或几个月的时间里，只要时不时地反复练习，就能很好地掌握所学的内容。在教孩子很复杂的事情时，非常推荐这一方法。

其实，也完全没有必要时时刻刻都想着按照这些步骤去教孩子。但是，当你在教孩子一件难度较高的事情且觉得“教不太好”的时候，请务必记得打开这一页。我相信，你一定能在其中找到灵感。

借助“视觉辅助方案”教孩子洗手、漱口、刷牙（对象为幼儿）

“视觉辅助方案”能对教学起到很好的效果。这是诞生于美国的学习方法，被广泛应用于面向自闭症儿童、阿斯伯格综合征儿童等的教育中。

自闭症儿童、阿斯伯格综合征儿童等擅长靠视觉进行学习，因此若借助图画和照片进行教学，他们就能够顺利地掌握穿衣、购物等日常生活技能。

此外，“视觉辅助方案”还扩展到了制造业、服务业等商业领域。特别是不同国家的工作人员在一起工作的情况下，“一看就知道”是非常有效的。

若你家孩子出现了“不管教多少遍都有漏项”“教完就立马忘记顺序”等情况，那就可以试着引入“视觉辅助方案”。

把该做的事情用图片和照片总结出来，让孩子边看边练习，就能减少反复教的次数，爸爸妈妈的压力也会随之减轻。

在这里，我给大家介绍一下预防感冒必不可少的洗手、漱口和预防蛀牙刷牙的视觉辅助方案。

如果孩子会一个人洗澡的话，也可以尝试着将“视觉辅助方案”运用于“洗身体”“擦身体”等方法上。

洗手的方法

对于孩子来说，最喜欢的就是在大自然中尽情玩耍。但是，对于家长来说，还是会担心孩子到处乱摸，手上沾满细菌。

这时候，洗手就变得尤为重要。家长可以制作“洗手方法海报”，并将其贴在卫生间里。然后，亲自示范，教会孩子如何“一边看着海报，一边按海报上的步骤洗手”。这样一来，家长就不用再为“洗手”这件事而担心或生气了。

漱口

“漱口”是从嘴里含着一汤匙水，然后把水吐出来的练习开始的。随后，再慢慢增加水量。

“咕咚咕咚”这个动作，可以先在不喝水的状态下，交替鼓起左右脸颊，进行反复练习。

“呼噜噜漱口”也可以从在不喝水的状态下朝斜上方发出“啊”的声音开始练习。

建议在孩子视线前方的斜上方，贴一张动物等在呼噜噜漱口的图片，并写明漱口的时间和次数。

漱口的方法

一开始不要往嘴里放水，让孩子微微抬起头，然后说“啊——”。

刷牙的顺序

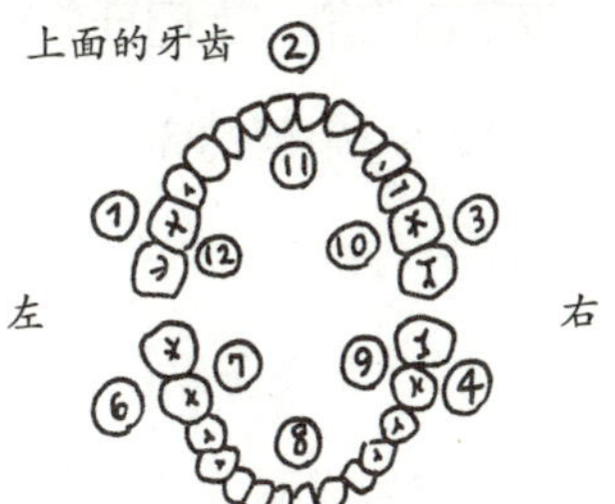

①左上臼齿的侧面

②上面的门牙

③右上臼齿的侧面

④右下臼齿的侧面

⑤下面的门牙

⑥左下臼齿的侧面

⑦左下臼齿的里侧和咬合部分

⑧下面门牙的里侧

⑨右下臼齿的里侧和咬合部分

⑩右上臼齿的里侧和咬合部分

⑪上面门牙的里侧

⑫左上臼齿的里侧和咬合部分

刷牙

最开始，只要让孩子自己刷“上门牙”和“下门牙”就可以了。剩下的部分就让爸爸妈妈来帮忙完成。在孩子学会以后，就可以慢慢地把“剩下的部分”也交给他们自己来完成了。

为了防止孩子“漏刷”，养成正确的刷牙习惯，最好画出刷牙步骤图。既可以把它做成海报贴到卫生间的墙上，也可以做成台历的样式放到洗漱台上，让孩子边翻边刷。

第 3 章总结 〉〉〉〉〉

- 教孩子的时候，要提出具体的要求。
- 将要教授的内容分解成若干步骤。
- 如果在教孩子的时候遇到了瓶颈，可以尝试着参考“加尼耶九教授现象”。

栏目3 〉〉〉〉〉

为什么要上“兴趣班”？

我经常会收到这样的提问和咨询：“我家孩子不愿意上游泳课，怎么才能让他坚持下去呢？”“我家孩子不管练什么都坚持不了太久，有什么办法吗？”

有积极主动上兴趣班的孩子，也有一提到兴趣班就愁眉苦脸的孩子，总是嘀咕着“今天怎么又要上兴趣班……”“我不想去啊”。既然这样，那为什么一定要去上兴趣班呢？

我觉得兴趣班和体育活动应该是“孩子们积累‘成功经验’的地方”，或是“转换心情的地方”。

现代社会，很多家长觉得孩子掌握的东西越多越好，甚至存在过度的倾向，涉及文化、体育、艺术等多个领域。

在有些重视孩子个性发展的国家，家长可能会投入金钱、时间和热情去发现孩子的优点，并将其发扬光大。

如果你正在因孩子不爱上兴趣班而烦恼，那就暂且放轻松，重新审视兴趣班的意义所在，认真思考“这是孩子转换心情的地方吗？”“这能帮助孩子积累成功的经验吗？”（如果孩子极其讨厌上兴趣班，也不排除是老师或教授方法有问题。可以通过实地参观或和其他家长交流等方式来确认。）

第4章

让孩子习得『坚持力』的表扬方式

“表扬”能让大多数孩子得到成长

要想让孩子坚持做某件事，“表扬”是不可或缺的。让我们先来了解一下其中的原因吧。

“如果在做了某个行为后会立刻产生好的结果，那么人就会重复这一行为。”这是人类行为的基本原则。

例如，

- **热→脱上衣（行为）→感到凉爽舒适（结果）**

如果脱下上衣后感觉非常舒适，那这个人再次觉得热的时候，就会做出同样的行为。

在行为科学中，我们将此解释为：“感到凉爽舒适这一结果”“强化”了“脱掉上衣这一行为”。

以上这些内容，我已经在第 2 章中和大家详细介绍过了。

但是，也有像学习语言或做仰卧起坐那样，不会立刻产生“好结果”的行为。这样一来，该行为由于没有得到“强化”，大家也就不会主动重复该行为，因而也就无法得到持续。

因此，为了让那些不会立刻产生“好结果”的行为得以持续下去，就要在孩子做出行为后，给予其“表扬”这种“好的结果”。

例如，父母让孩子“去取报纸”，当孩子完成任务后，父母就要毫不吝啬地给予其表扬：“谢谢宝贝，你可真厉害！”

这样一来，因为得到了父母的表扬，“去取报纸”这一行为就得到了“强化”。

第二天，当父母再次拜托孩子“去取报纸”时，孩子一想到“又能得到爸爸妈妈的表扬了”，大多数情况下都会兴高采烈地去取报纸。

如果每天都这样做，孩子慢慢地就会自发地去取报纸了。

这就是行为变成习惯的过程。

当我们把关注点放在行为上后，所有的孩子都能得到表扬

“表扬好的行为。”用这个方法的话，调皮的孩子、我行我素的孩子、不踏实的孩子、现在不太喜欢学习的孩子、爱撒娇的孩子……所有的孩子都可以得到“表扬”，然后取得进步。

以学习为例。无论是在学校还是在家里，在考试中拿到高分的孩子都会受到表扬。

所谓“优秀的孩子”，在每次考试后都会得到表扬，“学习”这一行为得到“强化”，所以还会继续好好学习。然后，在下次考试中再次取得高分，又得到表扬，于是继续努力学习；然后又考了 100 分，得到表扬……

像这样不断重复，孩子最后就能够从“自己制定高目标，并实现它”的过程中获得喜悦。这样一来，家长也就几乎不需要在孩子考完试后给予表扬了。

但是，只能拿 30 分的孩子又会是怎样一种情况呢?

“又只考了这么几分！”“到底像谁呢……”“不好好学习的话，

就把你的游戏机扔了！”

大多数爸爸妈妈可能会觉得像这样给孩子施加压力是有好处的，但这并不能解决任何问题。不仅如此，还有可能会让孩子越来越讨厌学习。

在第 1 章中我已经和大家说明了，一切结果都是行为的积累。

在考试中取得好成绩这一“结果”，也是“在笔记本上反复练习新学的汉字并将其记住”“每天反复练习计算”等极其基本的“行为”不断积累得到的。

因此，

- 如果孩子不知道如何进行“不足行为”（汉字的书写和计算练习等的正确方法），那就教他并让他掌握。
- 如果孩子采取了错误的方法，那就纠正这一错误的方法，让孩子采取正确的方法。
- 如果孩子做了“不足行为”，那就毫不吝啬地表扬他。

当然，考试的分数并不是马上就能得到提高的，所以请各位家长暂时不要在意分数，专注于表扬孩子的“行为”。

“到了学习的时间就主动关掉电视并做好学习的准备”“能够把今天刚学的汉字准确地写在笔记本上”，即使是这样的小事，只要是“开始不足行为的第一步”，就要不断地给予表扬，让该行为得到“强化”。

如果是在此之前除了做作业以外完全不进行其他学习活动的

孩子，只要他能主动地把课本掏出来放在桌子上，就要好好地对其进行表扬。

那些因为家长此前只关注“结果”而至今未得到过表扬的孩子，在家长开始关注“行为”后，就会有很多机会得到表扬。

而且，如果孩子得到了表扬，那该“行为”便会随之增加，最终也会对“结果”产生正面的影响。

“用正确的方法进行学习的行为”被表扬

↓

自己高兴地反复“用正确的方法学习”

↓

养成“用正确的方法学习”的习惯

↓

出现“考试分数提高”的结果

在此之前只能考 20~30 分的孩子，会逐渐接近及格水平；而分数在及格水平的孩子，则会变成能考 80 分、90 分的“优秀的孩子”。

这样一来，无论什么样的孩子就都能够按照各自的节奏一点点进步、一步步成长了。

这就是行为科学的“表扬”育儿法。

“表扬”育儿法对大多数孩子都有效，不仅是在学习上，在教养和生活习惯上也是如此。

从下一页开始，我将向大家介绍有关高技巧表扬方法的诀窍和创意。大家可以参考着亲身实践一下。

只具体表扬不足行为

读到这里，爸爸妈妈应该明白了行为科学的“表扬”并不是“为了讨好孩子，让孩子心情好”。

只表扬“不足行为”。如果没有搞清楚这一点，那么不管过多久，孩子都无法掌握“不足行为”。不仅如此，孩子还有可能会习惯性地做“不好的行为”。

为了让孩子心情好而什么都表扬，只会适得其反。所以，请各位家长一定要记住，只表扬希望孩子掌握的“不足行为”。例如，汉字的书写。

不能盲目表扬

在表扬的基础上，具体告诉孩子下一步可以改进的地方。

如果孩子写字很潦草，家长还一直表扬其“写得真好！”的话，“潦草书写”这种行为就会变成习惯。

当看到孩子写字潦草时，应对其进行指导，让他改正自己的行为——“你现在能把每个汉字都写正确，也学会了如何在田字格中写字！下一步，就好好练习，把字写工整。”

如果孩子写的字比以前工整了，那即使还没有达到合格水平，也要先表扬他“比以前好多了”，然后再告诉他“下次可以写得再工整些”，鼓励其取得更大的进步。

在认真确认了孩子在进行“不足行为”后，就要给予其“表扬”。这是很重要的一点。

换句话说，最好能够具体地对孩子进行表扬。

某位插画家曾经说过，在指导画画的时候，像“线条粗细均匀，很漂亮！”“很认真地涂上了颜色呢。没有漏涂的地方，很棒！”这样，对做得好的地方进行具体的表扬，比只是抽象地表扬“做得不错”，更能帮助对方提高画技。

“这个捺、钩写得非常好，保持住！”“把宝盖头写得再漂亮点儿就更好了！一起练习一下吧！”像这样，在家长给予了具体的表扬后，孩子能够及时改正，那孩子就会进步得越来越快。

“马上给予表扬”很有必要

表扬的目的是“强化”“不足行为”，并让其重复。因此，必须让孩子清楚地知道，他是因为做了什么而得到表扬的。通常情况下，家长要在孩子做出“不足行为”后，当场给予其表扬。这一点是非常重要的。

众多行为分析的实验结果表明，如果人在做了某种行为后的 60 秒内得到表扬，那么之后再进行该行为的概率就会提高。

不仅仅是孩子如此，大人也一样。

假设你在学习网球。某天课程结束、你正准备回去时，老师走了过来，并对你说：“你向 ×× 同学打出的第三个发球，肘部的动作非常到位哦！”

被表扬了自然是开心的，但是由于实在不记得第三个发球是如何打出的，所以即使你想在之后的发球中再次重现当时的场景也是不可能的。

如果老师在你打出第三个发球后马上表扬你“肘部的动作非常到位哦”，那你就能清楚地知道自己哪里做得是好的，下次还会发出同样的球。

表扬孩子的时候也是一样的。类似“今天中午，你在公寓的电梯里和别人打招呼了，很棒！”“昨天早上，你把牙齿刷得很干净哦”这样的表扬，就有些滞后了。

请务必牢记，在孩子做出好的行为后，要“马上给予表扬”！

积分卡的重要性

家用电器店、餐饮店、便利店、药店、服饰店……很多商家都会推出积分卡。你是不是也有好多商家的积分卡?

把一些代表着积分的贴纸撕下来贴在衬纸上，一个一个将其认真收集起来，也是一件很有趣的事。

虽然这种商家积分的最大用处在于兑换豪华礼品，或者享受打折服务，但实际上攒积分这件事情本身也能给人带来巨大的喜悦。

孩提时代的暑假，有不少人会因为在参加完小区里的广播体操、学校的游泳培训后能得到贴纸或者印章而欢呼雀跃。虽说收集到的这些贴纸或者印章并不能用来兑换豪华的奖品，但大家依旧很兴奋。

在基于行为科学的管理中，就引入了积分卡等积分系统，以便更好地管理员工和兼职人员。

例如，美国的某家一流企业就制作了自己的企业纸币（类似玩具纸币），每当员工做得好的时候，经理就会给该员工发纸币。而当纸币积攒到一定程度后，员工就可以用其在公司的自助餐厅买自己喜欢的饮料了。

在这一措施实施前，很多人都觉得这么做很幼稚，但是自从实施后，员工们的工作热情比以前更加高涨了，公司的业绩也得到了提高。

不过，请大家不要误会，行为科学中的积分卡并不是类似“把 ×× 做好，之后我会给你奖励”的强迫性系统。

这是对做出“不足行为”的人的一种“认可、表扬、犒劳”。

看到这里你应该也知道了，积分卡对于提高孩子的“坚持力”也是很有效果的。

做法很简单：孩子每做一次希望其持续下去的“行为”，就给他 1 分。如：

- 从外面回来后，自觉洗手、漱口
- 做一页算术练习题
- 把玩完的玩具放回原处
- 练习 10 分钟钢琴
- 吃饭前，把全家人的筷子和盘子摆好
- 只玩 1 小时游戏

内容是什么都可以。请爸爸妈妈从“想让孩子学会的行为”清单中选出最想让孩子学会的行为。

开始的时候要给孩子详细地解释规则，巧妙地引导孩子，让孩子觉得很有趣，迫不及待地想要尝试。

“兴奋感”是非常重要的。

计分方式

千万不要吝啬积分卡上的积分，要不断地给孩子积分。这样，效果才会更好。

刚开始的时候，能得到积分的行为可以是很简单的事情。

在能充分理解“做了 ×× 就能获得积分”这一因果关系后，那稍微再提高点儿难度也都不要紧了。

在培养“坚持力”方面，采用积分卡有很多好处。

第一，由于每做一次“不足行为”就能得到积分，因而孩子在做出行为的时候就会变得很快乐。尤其是年幼的孩子，特别喜欢贴贴纸，所以他们会很高兴地去做。

第二，在孩子做出“不足行为”后给予其积分，能够比只给予“表扬”更有力地“强化”该行为，因而也就更有利于将“不足行为”转变为习惯。这也是最大的好处。

第三，看到不断增多的贴纸和印章，孩子就能知道自己付出了很多努力。特别是在挑战学会有些困难的行为时，这些贴纸和印章对于孩子来说，本身就是一种很大的鼓励。

因为是根据“行为”给出积分，所以不仅是优秀的孩子能拿到积分，那些暂时还没有取得好成绩的孩子也能得到积分。

年龄较大的孩子，或者习惯使用积分卡的孩子，就能自己完成“做出不足行为后，就贴上贴纸”的工作了。这样一来，就可以省去“父母在孩子做出不足行为后就给予表扬”这一步骤了。父母只需要时不时地检查一下积分卡，并承认孩子的努力就足够了。比如，可以这样表扬孩子：“真棒，你一直在坚持呢。”

刚才我所谈到的内容都是针对孩子的，如果大人也有什么想要坚持的事情的话，也可以尝试着用用积分卡。相信你一定能切实感受到积分卡的效果。

积分卡的制作和使用方法

1. 衬纸

- **在纸上画方格**

这是比较简单的方法。可以用笔直接画。有条件的话，可以用电脑画。如果用电脑画，只需要画一次，之后就可以直接打印出来，比较轻松。

衬纸为 A5 或 B6 大小的话，画 50 格左右较为合适；如果是信用卡大小的话，则画 20~30 格就可以了。

- **带插图的衬纸**

将粘贴贴纸的格子排列成孩子喜欢的图案，或者与插图融为一体。是不是已经想象到小孩子因为太高兴而有些兴奋地贴着贴纸的样子了？

- **巧用日历**

直接使用日历格子的方法。采用这种方法可以清楚地知道在哪些日子做了“不足行为”、在哪些日子没有做“不足行为”。我把这一方法推荐给年纪稍大的孩子。

2. 贴纸

如果你去文具店或趣味杂货店，就会发现里面有各种各样的贴纸：有传统的儿童贴纸、亮晶晶的贴纸、立体贴纸……

可以带着孩子一起去挑选他们喜欢的贴纸。当然，邮票也是可以的。

随着年龄的增长，很多孩子不再拘泥于贴纸的设计。这时，可以换成非常简单的圆形贴纸，或者改为把方格涂黑，抑或是只画个圆圈就可以了。

总之，只要遵守“每次做 ×× 都能获得积分”的规则就可以了，具体的方法可以自由安排。

积分卡模板

姓名【　　　　　　　　　　　　】

3. 奖励

在前面的内容中，我给大家介绍了美国企业的例子。从中也可以看出，如果大人使用积分卡系统，那准备一些奖励是有效的。

比如，大人为了“坚持戒烟”“坚持做体操以保持美丽”“坚持学习语言”等使用了积分卡，那就可以把稍微贵点儿的啤酒、超喜欢的进口巧克力、感兴趣的周边等作为“积分攒到 ×× 点时的奖励”。

但是，如果使用积分卡的是孩子的话，就不可以把买东西作为奖励。即使是果汁、冰激凌这样便宜的东西也不行。这是因为孩子很容易产生这样的想法：“我想要爸爸妈妈给我买 ××。虽然我不想做 ××，但还是勉强做吧。”

使用积分卡的目的是让孩子感受到“做了某个行为后，被认可、被表扬”从而产生“快乐、高兴”的感觉。

因此，当积分累积到一定程度时，只要“爸爸妈妈一起多表扬孩子”就可以了。

下面，我给大家举几个奖励的例子：

- 第二天的晚饭，准备一桌孩子喜欢吃的菜
- 全家陪孩子一起观看孩子喜欢的动画片
- 只在那一天让孩子多玩一会儿游戏

贴纸

- 多讲一个睡前故事
- 把贴纸衬纸上的方格加大，以便贴更大的贴纸

准备能够让孩子高兴的奖励很简单，可以利用家里本来就有的东西，也可以将时间和活动作为礼物，不需要特意去买什么。

请一定要多和孩子沟通，选择最适合的奖励。

第 4 章总结 〉〉〉〉〉

- 表扬“不足行为”和“希望孩子学会的行为”。
- 更为具体的表扬往往效果更佳。
- 要在 60 秒以内给出表扬。

栏目 4 〉〉〉〉〉

愉快地学会“打招呼”

打招呼是交流的第一步。因此，很多爸爸妈妈都想让孩子学会正确打招呼。

但是，只靠家长怒吼“不是说过要好好打招呼的吗！”之类的，是无法帮助孩子学会打招呼的。

家长首先要做的是，告诉孩子什么是“有礼貌地打招呼”。

“身体正面朝向对方，并看着对方的眼睛，然后大声说‘你好’。”经过这样具体的说明示范，孩子更能掌握“正确的打招呼方式”哦。

在“大声说话”的部分存在一个问题。那就是到底多大的声音是合适的呢？这很难用语言来表达。小孩子的声音大小可以分为“蚂蚁→小猫→狗→狮子→大象”这 5 种级别。从音量很小的“蚂蚁的声音”开始到有威慑力的“大象的声音”，家长可以带着孩子一起把这 5 种级别的声音都模拟一遍，然后再告诉孩子：“在外面和认识的人打招呼时，可以用和‘狮子的声音’差不多的音量哦！”这样一来，孩子就会明白到底要用多大的音量去打招呼。

“早上起床最先和家人说‘早上好’，得 1 分。”“在吃饭前和吃饭后分别说了‘我要开始吃饭了’和‘我吃饱了’，得 1 分。”像这样先把规则定下来，然后在积分卡上贴上贴纸，那孩子就会很愉快地去做了。

第5章

培养『坚持力』的斥责方法

“斥责”和“发火”是不一样的

“斥责”和“发火”这两个词乍一看很像，但有明显的区别。

所谓“斥责”，是指在想要制止对方的行为或者想要对方改善其行为时，所进行的让对方引起注意的行为。

例如，如果孩子在红灯时想要过人行横道，你就必须立刻斥责他，制止他的行为。听到孩子说脏话的时候，就应该斥责他：“你不能说这样的话！”

虽然基于行为科学的育儿方式更注重表扬，但对于孩子的成长来说，对“危险行为”和“坏行为”进行斥责也是必不可少的。

“发火”指的是完全不顾及对方，只顾发泄自己情绪的行为。人们由于无法控制自己的情绪，处于焦躁不安的状态，因此常会出现“大声怒吼”“说难听话”的情况。

“为什么连这种事都做不好？”

“我不是叫你不要磨磨蹭蹭的吗？”

我只是用文字把这些话语写出来，就感到十分心痛。如果被当面这么说，那即使是大人也会很受伤，更何况是被自己最喜欢的爸爸妈妈这样责骂的孩子，一定会更加难过……对于孩子们来说，父母向自己发泄的“愤怒”是一种“惩罚”。

美国心理学家曾经做过一个有名的实验，把狗拴在狗链上，每当狗想要逃跑的时候，就对它进行惩罚（电击）。在反复进行实验的过程中，狗终于明白了“无论如何也逃脱不了”的事实，最后，即使把狗链解开，它也不会逃跑了。专家们把这个实验结果称为“习得性绝望”或“习得性无助”。

如果父母一直用“发火”来惩罚自己的孩子，不知不觉中孩子就会习得“绝望”和“无助”。

当然，谁都有想发火的时候。但是，“发火”有百害而无一利，所以还是尽量不发火吧。

学会正确的“斥责”方法

正确的斥责方法有四个要点。

1. 斥责具体的“行为”

斥责和表扬一样，要把焦点放在具体的行为上。

假设你和孩子在附近的超市购物时遇到了邻居。这个时候，你的孩子无精打采地和邻居打了声招呼。于是，你马上斥责了孩子“那样做是不行的”“要更加认真地和别人打招呼”。

这样一来，孩子就会思考：“我本打算好好打招呼的，但却被骂了。到底是哪里出了问题呢？”

难怪孩子会感到困惑。这种时候，如果把焦点放在具体的行为上，告诉孩子：“刚才你主动和邻居打招呼了，这一点做得非常好。就是声音太小了。”这样，就能确切地让孩子知道究竟哪里做得不好。

当然，绝对不能说“你这种自由散漫的性格要不得”“你这个小孩怎么干什么都不上心”之类的话，去否定孩子的性格和人品，去伤害孩子的感情。这并不是为孩子着想，而是单纯地把自己的焦虑发泄在孩子身上，不是“斥责”而是“发火”。

2. 斥责后要提示孩子如何进行“不足行为”

“斥责”大多会让对方停止行动。

“不能说朋友是‘笨蛋’。”

“不能闯红灯。”

“在黑暗的房间里看书对眼睛不好。”

“含着饭说话是不礼貌的。”

给孩子指出其“不好的行为”后，孩子就不会再进行那种行为了。

但是，仅仅这样是不够的。对于孩子来说，他们还想知道接下来该怎么做。各位家长在制止了孩子“不好的行为”后，还请教会他们应该进行的“不足行为”。

“玩具被朋友拿走了，你肯定很不愿意吧。那就和朋友说‘这是我的玩具，请还给我吧’。”

“仔细观察信号灯，等变成绿灯后，环顾左右再过马路。”

“如果你想在这个房间里看书，就按一下这个开关。喏，亮了吧？”

“吃饭的时候要闭上嘴。对了，对了，就是这个样子。嘴里的东西咽了吗？好，现在可以说话了。”

像这样具体地给孩子展示“不足行为”，孩子就会清楚地知道接下来该怎么做。当然，孩子可能无法在短时间内迅速学会“不足行为”，但只要家长耐心地多教几次，孩子就一定能养成习惯。

请记住，斥责的目的不仅在于“制止‘不好的行为’”，还在于“提醒进行‘不足行为’”，这两者通常是并存的。

3. 表扬：批评 = 4 ： 1

在教育领域，存在着“4 ： 1 法则”，即按照“表扬 4 次，批评 1 次”的比例进行教育活动，就不会产生不良副作用。反过来说，就是“批评 1 次，表扬 4 次”。

“尽量不批评”的意识固然重要，但除此之外，还要树立起“尽量多表扬”的意识。

这样做不仅有助于孩子多做“不足行为”，从而养成习惯，更重要的是，还能帮助家长以积极的心态培养孩子。

4. 不要拿孩子和别人比较

“姐姐能做到，为什么你做不到？”

“听说 ×× 自由泳已经能游 50 米了，你只要努力，应该也能做到。”

这些都是家长不经意间就会说出口的台词。但是，对于孩子来说，就会受到深深的伤害，认为“自己是个没用的人”。

“邻居把院子打扫得那么干净，为什么你不行呢？”“听说 ×× 的丈夫下个月就要当科长了，你什么时候才能出人头地呢……”试想，如果被这样说了，你会怎么想？与产生“好，我要加油！”的干劲相比，更多的应该是“被拿来和别人比较了”的愤怒与不满吧。

家长应该去比较的是孩子的“过去”和“现在”。

“去年完全不会游泳，今年居然能游 3 米了。”“以前都不会帮忙拿碗，现在每天都主动帮忙，真棒！”

如果总与其他孩子去比较，家长就会忽视自家孩子的这些小小的进步。

在大目标的基础上设定小目标

请大家想象一下自己正在登山的场景：由于好久没有活动身体了，因此你一边喘着粗气，一边拼命向上攀登。你自己感觉已经爬了很久了，但是却一直没有出现“阶段性目的地”的标志牌。

这样的话，既无法得到“不错，爬到这里了！”的喜悦，也无法产生“还差一点点，再加把油”的想法……这样下去，你就会感到不安，不确定自己是否能坚持爬到山顶。

接下来请大家再想象一下减肥的场景。

例如，你定下了“1 年减 6kg”的目标，然后开始进行饮食疗法和运动。这个时候，如果减肥教练对你说，只有在减肥结束的那天（1 年后）才能称体重，那你会怎么想呢？

你可能会被“我真的瘦了吗？”“这样做合适吗？”这样的想法所包围，在不安中默默努力。这样的话，就很容易半途而废。

上面这两个例子有一个共同点，那就是“需要走很长的路才能感受到达成目标的喜悦”。此外，这两个例子中的设定也都很狡猾——看不到“阶段性目的地的标志牌”以及“现在的体重”，因而也就不知道在这漫长的路途中，自己究竟走到了哪里。

实际上，登山道上都会有各个阶段性目的地的标志牌，每通过一个就能够和同伴一起欢呼“太好了！”“就差一点点了！”。

如果是减肥的话，那就可以定期称体重，每减掉 1kg 便给予自己一个小奖励，比如去看一场自己喜欢的电影。

在行为科学中，像“阶段性目的地的标志牌”和“减了 1kg、2kg 等”这样能在漫长路途中给人带来小成就感的零碎目标，被称为“小目标”。

有了“小目标”后，那每达成一个就能获得成就感，并能够怀着这份喜悦朝下一个“小目标”迈进。

然后，随着一个个“小目标”的不断达成、累积，最终便能达成终极目标了。

大家看完下一页的图，就能知道设置小目标的必要性了。

小目标和行为的关系

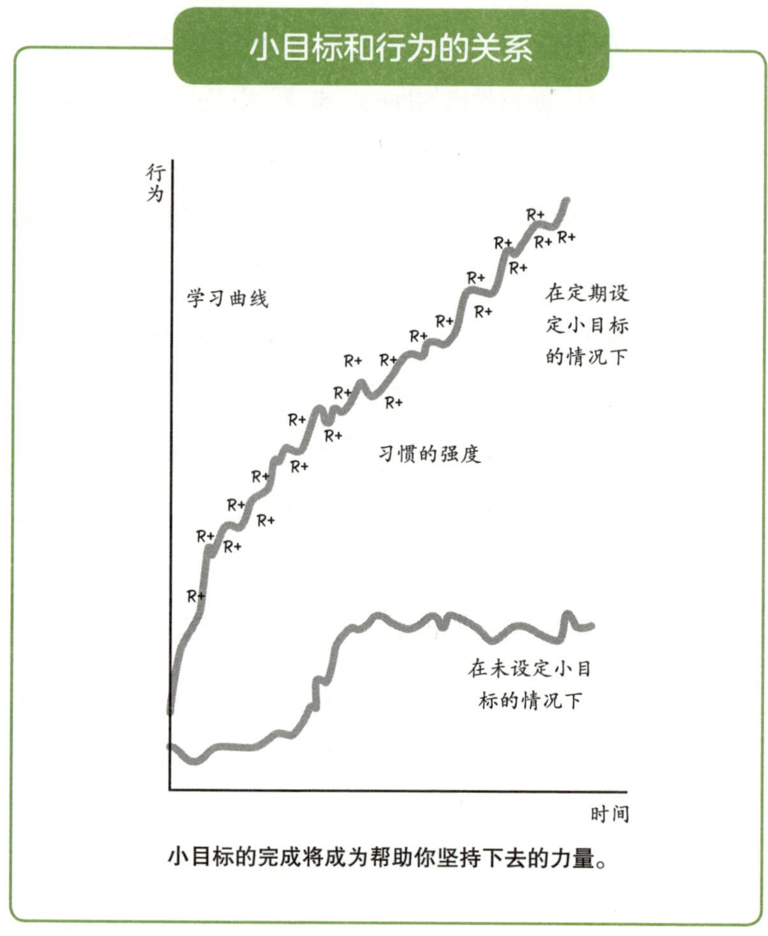

小目标的完成将成为帮助你坚持下去的力量。

让孩子积累成功体验

在学习、运动等方面定下大目标，并朝着目标不断努力（不足行为）的时候，也请在这个过程中多设置一些"小目标"。

例如，当孩子在挑战难度较高的钢琴曲时，要把整首曲子都练好需要比较长的时间，但是可以设定"用右手弹最初的 16 小节""用左手弹这部分""用双手弹这部分"这样的小目标，并在孩子完成每个小目标的时候，和他一起庆祝并给予奖励，让他能够感受到达成目标的喜悦。

设定的小目标，最好是只要稍微努力就能达成的那种。

如果小目标太难达成，那无论过了多久都不会有成就感；如果小目标太容易达成，那完成时也不会有多高兴。

虽说如此，但从一开始就成功设定最佳的小目标是很难的。所以首先要设定容易达成的小目标，让孩子能够切实感受到达成目标的喜悦。然后，根据孩子的情况，一点儿一点儿地寻找最佳的小目标。

每次达成小目标时所获得的成就感，用另一种说法来形容，那就是“小小的成功体验”。

现在，有很多年轻人缺乏自信，经常抱着类似“就凭我……”“反正也做不成”的想法，在开始做事前就轻易放弃了。

这类人有个共同点——人生中的“成功体验”少得可怜。

当然，这样的人也不是从未成功过。只是他们没有清楚认知“努力了→因不断努力而成功了→非常高兴”这一过程。

针对大目标设定“小目标”，让孩子积累大量的“小成功体验”，不仅有助于培养孩子的“坚持力”，对于提高孩子的自信心和自我认同感也非常有效。

如果你的孩子现在的考试成绩不理想，那就可以让他做一下上一学期的考试卷（当然，要花心思不让孩子知道是上一学期的卷子），让孩子体验“得了 100 分！”“只要努力就能做到！”的快乐，从而提高自我认同感。

为了让孩子更清晰地体验成功，我推荐进行“英雄访谈”。

“英雄访谈”是在职业棒球赛或职业足球赛等中，对为球队的胜利做出巨大贡献的选手进行的采访。

访谈时，会问选手类似“为什么能打出全垒打？”“进球的时候是怎样的心情？”“对下一场比赛有信心吗？”这样的问题，选手们则会谈谈比赛成功的经验和对今后的展望。

那么，如果为孩子设定了“下次考试比上次提高 5 分”的小目标，然后孩子达成了这个目标。这时候，一定要进行“英雄访谈”。

家长：“恭喜！请问分数提高的秘诀是什么？”

孩子：“我觉得每天在练习本上多做些计算题是非常有用的。”

家长：“原来如此，请说说对于之后的学习有什么打算。”

孩子：“我对分数乘法还没有把握，所以想提高这方面的能力。”

家长：“谢谢你的回答，下次也请继续努力哦！”

“英雄访谈”不仅能让孩子感受到“通过自己的努力实现目标”的喜悦，还能促进孩子思考，让他用自己的语言总结“成功的经验”及“今后的打算”等。推荐大家试一试这种方法。

第5章总结 〉〉〉〉〉

• “发火”是情绪的爆发；“斥责”是希望对方得到成长的行为。要采取正确的斥责方式。

• 和“表扬”一样，“斥责”也要尽量具体。

• 不要拿孩子和别人比较，只比较孩子的“过去”和“现在”。

• 为了能够将某一行为坚持下去，可以设定“小目标”。

栏目5 〉〉〉〉〉

巧用闹钟和计时器

如果我说“要想让孩子把某种行为养成习惯，请一定要使用闹钟和计时器”的话，有的爸爸妈妈就会说：“这像在管理孩子一样，我一点儿也打不起精神。”

确实，家长有这种感觉也是可以理解的。但是，在学校里，上课和下课的时候也都会有铃声。

如果没有下课铃声，恐怕很多老师都会拖堂吧。同样地，如果上课铃声不响，孩子们就会一直在校园里玩。即使在办公室和工厂，也有很多地方会用铃声和音乐来提醒大家中午休息时间和下班时间到了。

人一旦沉迷于某件事，就会忘记时间，更不用说让正玩得起劲儿的孩子自己意识到“啊，4 点了，到学习时间了”。这简直比登天还难。因此，大人可以在到时间后提醒孩子。

但是大人也很忙，容易忘记时间。这样的话，无论过多久，孩子都无法养成好的习惯。

忙碌的上班族爸爸，会利用闹钟或电子邮件中的“提醒”功能，来提醒自己不要忘记重要的安排。同样地，家长也可以在教育培养孩子时积极主动地运用闹钟等工具，让其养成良好的习惯。

使用闹钟等工具的关键在于不仅要设定开始的时间，还要设定结束的时间。这样孩子就能慢慢掌握时间和“工作量”之间的关系了，如“30 分钟能做多少道数学题”“10 分钟能阅读多少页”。

第6章

如何让孩子养成有助于培养『坚持力』的生活习惯

为什么要学会“整理”

接下来，我要讲讲如何养成“整理”等生活习惯。

在日常工作中，人们常说桌子越干净的人“工作能力越强”。在学校，也有人说会整理的孩子“聪明”。因此，很多妈妈希望孩子最先学会的事就是“整理”。

说起来，大家觉得我们必须整理、收拾的原因是什么呢？可能很多人是因为“想让家里保持整洁干净”，但我认为学会整理的原因有以下两个。

第一，通过整理可以“重置”行为。

“游戏时间结束了，所以把玩具收拾妥当。”“阅读完就把杂志、书收起来。”“在看完想看的节目后，便关掉电视。”

人在结束某一行为然后开始下一行为时，通过收拾在前一行为中所使用的东西来实现“行为重置”。

很多不擅长整理的人都做不到“行为的重置”。比如，看完节目后，开着电视就不知不觉地开始看杂志……你身边有这样的人吗？或许你自己、你的孩子便是如此。

重置行为与“×× 时间结束，接下来是 ×× 时间”这样的时间管理密切相关。就算是为了培养这种时间管理能力，也请一定要让孩子养成整理的习惯。

为此，除了让孩子养成收拾身边物品的习惯外，吃完饭后，让孩子帮忙端餐具也很重要。

第二，把东西整理好后，下次就能马上使用。

只要遵守“用完物品后放回原处”这个简单的规则，下次再需要时就能马上找到。大家虽然都知道这个道理，但很难坚持这样去做。

英国的保险公司 Esure Home Insurance 对 3000 名成年男女进行了调查，发现大家每天在找东西上平均要花费 10 分钟。假设从 20 岁开始到 80 岁，60 年间，就约有 3650 个小时（约 152 天）花在了找东西上。真是太可惜了。

尤其是使用公共物品，“下次马上就能使用”这一点就显得格外重要了。

大家常能听到这样的事情吧：由于有的人不把单位公用的资料和文具放回规定的地方，导致大家经常不知道东西到底被放到哪儿了，从而不得不一起到处寻找。

当然，在学校、幼儿园、托儿所，也必须确保公共物品处于下次能马上使用的状态。

因此，不仅是玩具、绘本等孩子自己的物品，还要从小教会孩子整理指甲剪、体温计、遥控器等“全家人一起使用的物品”。

养成“整理”的习惯

要想让孩子养成整理的习惯，首先必须具体地告诉他什么是整理。

整理收拾的大原则是“把东西放在规定的地方”。

为此，必须为每一件物品规定一个固定的场所（也就是“家”）。刚开始的时候，不需要一下子就把所有物品都整理好，可以从限定的范围内开始。

如果是玩具，可以准备几个塑料盒子，并贴上标签，让人一眼就能看出里面装的玩具种类，比如，交通工具、过家家的装备、布偶等。

像这样按照种类整理，不仅能让孩子养成整理的好习惯，还有助于更顺畅地开启下次“游戏”。

如果是文具，那就可以制作一张示意图，在应该放剪刀的地方画上剪刀的图案、在应该放透明胶带的地方画上透明胶带的图案，并把示意图贴在合适的位置。

如果觉得“这就有点儿麻烦了……”，那也可以在整理干净后，用相机拍个照片，并把它打印出来贴在特定的地方。这也是一种方法。

对于还没上小学的孩子来说，决定整理的场所和整理方法都是件困难的事，所以请爸爸妈妈帮孩子做出决定。

不过，如果孩子有类似“我就想把这个洋娃娃放在这里”的强烈愿望的话，那就另当别论了。

在孩子上小学后，就要让他养成“把用完的东西放回各自的‘家’”的习惯。

为此，就必须明确“整理方法”，即“放什么、放在哪里、怎么放”。

如果孩子顺利完成了整理行为，请马上在他的积分卡上贴上贴纸或盖上印章。

文具摆放示意图

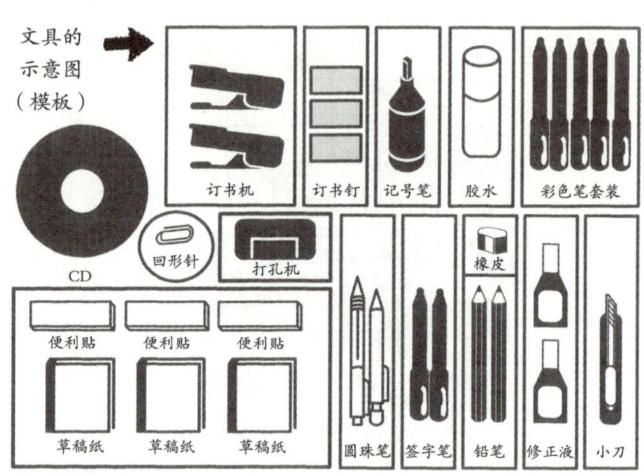

抽屉内部

通过制作示意图来明确草稿纸、回形针等文具的位置。这样一来，就能迅速知道什么文具该放在什么位置。

养成阅读的习惯

相信大家也都知道，阅读对于孩子的心灵和头脑的发育来说是非常重要的。

养成大量阅读的习惯后，孩子的阅读能力、词汇量、表达能力都会有显著提升。养成阅读习惯后，数学等其他学科的成绩也会提高。

当然，阅读不仅能提高成绩。

通过书本我们可以学习到多种多样的思考方式和生活方式，每翻一页都能激发我们的感性和创造力。

有的家长可能会说：“可是，我的孩子对书一点儿都不感兴趣。”

“我的孩子没有耐性，很快就厌倦了。”

对于这样的孩子，首先要让他们养成每天“阅读 10 分钟”的习惯。

也许有人会觉得“才 10 分钟？这么点儿时间可以吗？”在这里，我明确地告诉大家，这是完全没问题的。

有的孩子非常喜欢阅读，可以忘我地连续读上一两个小时，这些孩子是阅读的精英。而对于阅读量几乎为零的孩子来说，这并不是突然就能达成的目标。所以，首先定下 10 分钟的目标，然后坚持下去。

即使是对书还没有产生兴趣的孩子，只要养成每天阅读 10 分钟的习惯，就一定会有喜欢上阅读的那一天。只不过这样的孩子目前还未完全掌握“根据书中的文字描述，在脑海中形成那个画面”的能力而已。

随着孩子逐渐习惯阅读，其将文字转换成图像的能力也会得到提高，就像平时喜欢看电视剧和动画片一样，能够享受书中的世界。这样一来，孩子就不会满足于每天只阅读 10 分钟，而是会变得能够坚持阅读 30 分钟，甚至 1 个小时了。幼儿也是一样的，按照这个方法去做，就会变成喜欢阅读的孩子。

正确选书

因为我们的目标是“让孩子养成阅读的习惯”，所以什么类型的书都可以，绘本、学习漫画也可以。

如果有把孩子喜欢的动画片或游戏改编成小说的书，我也是很推荐的。因为已经知道了人物性格和故事设定，所以即使是阅读新手也很容易进入故事。

不能强迫孩子去阅读他不喜欢的书，即使那是一本名家名作。如果是去书店买书的话，家长和孩子可以各自挑选候选书籍，然后让孩子自己从中选择一本。

有的孩子在读完一遍后，会想再读几遍。年龄小的孩子更是如此。虽然我很理解爸爸妈妈“希望孩子读各种各样的书”的心情，但还是要把孩子本人的想法放在第一位，让孩子想读多少遍就读多少遍吧。

营造环境

在将某种行为养成习惯的过程中，“在固定的时间、固定的场所进行”是非常重要的，所以首先要确定一个“阅读角（阅读的场所）”。比起相对封闭、个人的儿童房间，选在家人也能看到的客厅和餐厅的一角比较好。沙发也是可以的，但是要把书放在桌子或写字台上阅读，这样更容易之后养成坐在桌前学习的习惯。

在“阅读角”附近，不要放置玩具、游戏材料等会让孩子分心的物品。

“阅读时间”则要根据家人的生活方式来决定。最好可以设定一个固定的时间，形成“到了 ×× 点，就是阅读时间了”的共识。当然，这个时间要在综合考虑到家时间以及上兴趣班、看喜欢电视节目、晚饭、睡觉等时间的基础上决定。

为了避免出现“糟了！过了阅读时间了！”这种情况，请家长务必设置好闹钟来提醒孩子。

到了固定的阅读时间

无论在做什么都要立刻停下来，然后打开书。当然，如果电视开着的话，就关掉它。

另外，各位爸爸妈妈也请在这个时间进行阅读。

在孩子还没有养成阅读习惯前，阅读对孩子来说并不是一件“快乐的事”。因此，如果孩子在努力阅读，而爸爸妈妈却在随心所欲地干着自己想干的事情，那孩子的心情肯定也不会好。

相反，如果爸爸妈妈也在这个时间段和孩子一起阅读的话，那孩子就会变得每天期待“阅读时间”的到来。

虽然各位家长每天都很忙，但是如果只是一天 10 分钟的话，应该还是能够挤出来的吧。因此，在设定“阅读时间”的时候，也请考虑爸爸妈妈自身的情况。

当孩子读完一本书后

家长可能会想问“是一个什么样的故事呀？”“你有什么想法？”之类的问题吧。特别是，如果孩子读的书正好是家长自己也很喜欢的作品，那家长一定就会想知道孩子是否也被同一处感动。

但是，不要强求孩子谈感想。现在最重要的是让孩子养成阅读的习惯，并享受阅读的习惯，不用那么着急让孩子清楚表达自己阅读后的感想。大家小时候不是也不擅长写学校强制要求的读后感嘛。

当然，如果孩子自己开始谈论书中的内容了，那家长一定要耐心地和他讨论。

另外，对于阅读来说，积分卡当然也是有效的。每当孩子进行了一次“阅读 10 分钟”的行为后，请记得给孩子积分哦。

遵守限制游戏时间的约定

在第 2 章中我已经和大家说过了，人气游戏都是由多才多艺的创作者为了俘获玩家而倾力制作的，所以孩子被吸引也是理所当然的事。

此外，沉迷于游戏的趣味性而怎么也戒不掉游戏的孩子和没有亲身体验过游戏魅力的爸爸妈妈，对游戏的认识大有不同也是理所当然的。

所以，在我们思考“孩子和游戏的关系”时，首先需要明白游戏是非常有魅力的，是一种会让人想要反复体验的事物。

家长可以去体验一下让孩子沉迷的游戏。这样一来，不仅可以增加和孩子的共同话题，还能进一步拓宽“亲子对话”的范围哦。

关于游戏给孩子带来的负面影响，不同人有不同的意见，但我觉得其中最大的问题是玩游戏削减了孩子“在外玩耍”“尽情活动身体”“和朋友聊天”“和朋友进行思想碰撞”“学习”等非常重要的时间。

我觉得如果孩子既拥有以上这些体验，又很享受玩游戏的话，那家长就没必要把玩游戏当作问题。

话又说回来了，有趣的游戏自然会让孩子想一直玩下去。这不是孩子意志薄弱或毅力不足的表现。

因此，爸爸妈妈要帮助孩子养成“玩一段时间后就结束游戏”的习惯。

我一直不太能理解，有很多家庭虽然规定了孩子玩游戏的时间，如“最多只能玩 30 分钟”“1 个小时是底线”，但是却没有固定下来。

为了使某种行为成为习惯，“固定的时间、固定的场所”这一点是非常重要的。玩游戏也是一样，必须规定“从 ×× 点开始在什么场所玩 ×× 分钟”。在游戏开始后，则要定好闹钟。

如果不这么做的话，家长突然想起来看表的时候，就会出现“你已经玩了 40 分钟了！明明说好了只玩 30 分钟的！你怎么回事啊！”的情况。

有些爸爸妈妈会把不守时的事情都怪罪在孩子身上，但孩子玩游戏玩得很投入，的确很难注意到时间的流逝。

就连爸爸妈妈也会出现“明明和孩子约定了‘只能玩 30 分钟’，但却没有注意到 30 分钟早就过去了”的情况。

如果约定的时间是 30 分钟，那么就把闹钟设定为 25 分钟后响。然后在闹钟响起时，告诉孩子“还有 5 分钟”。这样一来，孩子就能意识到只能玩 5 分钟了。

如果孩子在规定时间结束了游戏，就奖励他积分吧。

因为即使玩游戏的时候特别愉快，孩子也能按照约定，主动结束了玩了一半的游戏，这是很了不起的行为，所以请好好表扬他。

整理书包里的物品

负责 PTA（家长教师协会）活动的妈妈打来电话：“你要参加下周的 ×× 活动吗？我好像没有看到你的报名表……”

你慌忙翻了翻书包，发现书包底部全是皱巴巴的各类讲义，考试卷、学校的重要通知……刚才妈妈在电话里提到的报名表也在其中。

“不是说了每天都要把学校给的讲义拿出来吗？要说多少遍你才能明白？”

虽然在被批评的时候孩子会一脸严肃，但过了几天就又被打回原形。到底为什么会这样？实际上，只要站在孩子的立场就能理解这一点。

老师交给孩子的每一份讲义，对其来说都是“无关紧要的东西”。在老师说要把讲义交给妈妈的时候，孩子也的确是记得的，但过了几分钟就忘得一干二净了。可能是因为即使记得交给妈妈，也并不会发生“什么好事”。

也就是说，没有任何东西可以“强化”“把讲义交给妈妈”

这一行为。虽然偶尔会被妈妈生气地质问为什么不把讲义拿出来，但是因为孩子不清楚妈妈的愤怒和“把学校的讲义交给妈妈”这一行为之间的因果关系，所以“把讲义交给妈妈”这一行为根本就没有变成习惯。

为了使行为成为习惯，请尝试下面所介绍的方法。

“欢迎回家盒子”

1. 制作“欢迎回家盒子”

准备一个能装下书包中所有东西的盒子，可以是市面上卖的文件盒，也可以是空饼干盒。名字是什么都可以，但在本书中我们就先叫它“欢迎回家盒子”。

要把“欢迎回家盒子”放在收纳课本、笔记本的架子附近。

2. 做示范

- 把书包里的东西全部放到“欢迎回家盒子”里
- 将课本、笔记本放到规定的位置
- 把每天使用的铅笔盒、垫板等放回书包内
- 盒子中会留下讲义类、通信录、衣物（体操服、餐服）等，然后告诉孩子：“把这整个箱子交给妈妈哦。”（如果有些东西不知道放在哪里，那也可以先放在“欢迎回家盒子”中，之后再由妈妈告诉孩子其正确的摆放位置）

- 结束后，在积分卡上贴上贴纸或盖上印章

3. 从第二天开始，父母和孩子可以一起使用“欢迎回家盒子”

当孩子差不多可以一个人完成所有步骤的时候，父母可以在一旁看着他做几天，然后就让孩子自己去做。

4. 鼓励孩子坚持下去

当孩子已经很好地掌握了方法后，请表扬孩子“你坚持下去了，真了不起！”，鼓励其坚持下去吧。

另外，可以按照以下顺序，教会孩子为第二天做好准备：

①检查通信录

②准备好必需的物品

③对照课程表，准备好第二天要用的课本和笔记本

④把②和③放进书包

然后按照“父母做示范→父母和孩子一起做几次→让孩子一个人试着做”的顺序，让孩子学会这一行为。

如果把这一顺序做成检查表，然后和课程表并排贴在一起，那就能减少“漏项”，之后只要时不时地去检查一下就行了。

升入初中、高中之后，与升学相关的重要讲义和需要向学校提交的东西会不断增加，因此，如果在小学的时候就养成正确管理讲义的习惯的话，之后就可以轻松许多。

每天的日程表

我已经说过很多次了，在使某种行为成为习惯的过程中，固定的时间和场所是很重要的。例如，

“每天早上 6 点 55 分都要看天气预报”

“午餐后刷牙，下午就能够更愉快地工作”

“睡前不写日记，就会觉得心情不好”

像这样把行为和时间紧密联系在一起，就容易使某种行为成为习惯。

因此，如果想让孩子养成每天做某事的习惯，我强烈建议制定日程表。

“让孩子制定日程表吗？”

不是，自然是由大人来制定日程表。

孩子自己制定日程表需要具备很强的能力，所以最好等到初中左右。

首先要让孩子养成“按计划行动”的习惯。

按计划行动的能力对于孩子和大人来说都是非常重要的。有

很多大人因为缺乏这种能力而非常辛苦。

虽然说制定日程表的是爸爸妈妈，但如果孩子觉得自己是在被迫执行大人擅自决定的日程表，那他就无法愉快地、自发地坚持下去了。

日程表虽然是由家长主导的，但在制定时也需要听取孩子的意见。在家长和孩子一起制定完日程表后，要让孩子选一个醒目的位置，把做好的日程表贴上。

一开始在日程表上可以少设置些项目。除了吃饭时间、洗澡时间、睡觉时间等基本的日程安排之外，再从“阅读”“游戏”“帮忙做家务”“自己刷牙”“练钢琴”等想要孩子养成的习惯中选择一两个写在日程表中就可以了。

一下子把所有事项都塞进日程表里的话，孩子是不可能坚持下去的，并且也没有必要让他们坚持下去。

每天选一两个想要坚持下去的行为，然后认真执行，让孩子拥有“出色地按约定完成日程”这样的成功体验是很重要的。

在制定日程表的时候，有的家长可能会被“先做喜欢的事，还是先做讨厌的事”这样的问题所困扰。从结论上来说，比起“喜欢、擅长、想做的事”，应该先做“不想做但必须做的事”。

大家也都有过“把必须做的事情暂且放在一边，然后在做完别的事情后却发现没有时间再去做必须做的事情了”的经历吧。所以，最好是从小就养成先做必须做的事情的习惯。

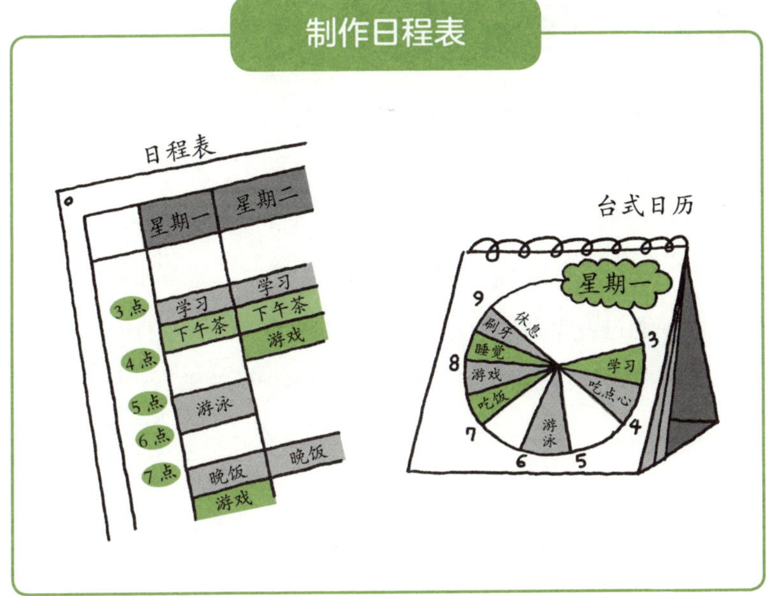

先做“必须做的事”还有一个好处。例如，按照“作业→游戏”的顺序进行的话，就会让孩子形成“如果执行了必须做的行为，那就会有奖励在等着你”的概念，因此“游戏”会“强化”“做作业”这一行为。

但是，有的孩子不打完游戏，就“无论如何”都不想做作业。在这种情况下，按照孩子所希望的顺序进行就可以了。首先还是要把精力集中在让孩子养成“在规定时间做作业”的习惯上。

第6章总结 〉〉〉〉〉

• 在培养孩子养成整理的习惯时，要想办法让各个物品的复原位置一目了然。

• 对于养成阅读习惯来说，“固定的时间、固定的场所”这一点非常重要。

• 通过设定闹钟的方式来限制游戏时间。

• 制定日程表时，要优先安排“不想做的事”。

栏目6 〉〉〉〉〉

爸爸要支持妈妈哦！

如果是正常的工作，我们在付出了努力后可以得到金钱报酬，也会受到上司的表扬、收到顾客的感谢。

然而，在养育孩子的时候，明明非常辛苦却得不到任何人的评价。而且，一旦出了问题，全都会怪在妈妈的头上……

正在看这本书的各位爸爸，妈妈为了孩子的成长，每天都在辛苦地付出。而且，在读了这本书之后，妈妈还会开始新的挑战。

请一定要认真听妈妈的话，帮助她坚持下去。

爸爸最好可以每天询问当天的情况，比如，问妈妈：“今天怎么样呀？”“孩子成功拿到贴纸了吗？”如果进行得很顺利，就犒劳一下妈妈。

如果实在太忙，做不到每天关心的话，可以每周检查几次孩子的积分卡，并称赞与孩子一起努力的妈妈。

爸爸也可以借此机会，试着养成一些新的习惯。

番外

养成良好的学习习惯也离不开『坚持力』

成绩上不去，只是方法不对

“我的孩子不擅长学习”“明明在努力学习，成绩却上不去……”在这里，我将为大家介绍一些可以消除这种烦恼的方法。

学校的课程，教的本来就是孩子能够理解的内容。所以，理论上不存在理解不了学校课程内容的孩子。

如果孩子现在成绩不佳，那只是没有掌握“正确的学习方法”而已。

我们经常能听到这样的声音：“我的孩子不擅长理科……”“父母都是文科生，所以孩子数学成绩上不去也是没办法的事”，但实际上在小学、初中阶段是不可能出现“不擅长理科”“不擅长文科”的情况的。

当然，每个人都会有自己喜欢和讨厌的科目，但不管是什么科目，只要采取了正确的学习方法，成绩就一定会提高。请从现在开始不要轻易放弃。

想必大家都遇到过这样的情况，学校虽然会在授课内容上下各种各样的功夫，认真地进行教学，但却很少对“家庭学习的正确方法”进行详细指导。

如果不知道“正确的方法”，成绩自然是上不去的。

优秀的孩子，自然就掌握了“找出自己的弱点和不足之处，并通过各种方法自行克服”的学习方法。而且，这会以考试成绩等“结果”的形式表现出来，让人感到学习的快乐，从而更加努力学习。

现在成绩还上不去的孩子，只要掌握了“正确的学习方法”，成绩一定会得到提高，学习也会变成一件快乐的事。

注意孩子所说的“做了！”

如果你的孩子学习很用功，但成绩却上不去，那可能是他所用的方法不对。

以对考试中错题的处理方法为例。

本应该找出错误原因，然后找到正确的解题方法，但如果只是不加思考地抄“答案”，那么再遇到同样的问题时，就还会重复同样的错误。

为了记住新汉字，老师给孩子布置了“把汉字写三遍”的作业，但很多孩子因为不理解老师的意图，只是机械地在本子上把汉字写三遍而已，并没有“通过写把汉字记住”的意识。

但是，在妈妈问“你好好学习了吗”的时候，孩子还是会回答“好好学习了哦”。这时候，他并不是在说谎，因为他是真的觉得自己在好好学习。

“要重新审视错题，并找出错误原因。然后，要这样做哦。”

“写三遍是为了记住汉字。如果还是记不住的话，再写三遍试试。”

像这样，请教给孩子基本的“做法”及其意义。另外，在孩子掌握这种“做法”之前，家长一定要不厌其烦地给予他们指导。

在把“正确的做法”变成习惯之前，要仔细观察孩子的学习状态，如果发现孩子没有掌握，那就再教一遍；如果发现孩子掌握得很好，那就要好好表扬他。

虽然在孩子养成习惯之前，爸爸妈妈会有些辛苦，但只要孩子掌握了“正确的做法”，那之后爸爸妈妈的负担就会大幅减轻。

这里，还有非常重要的一点。

学习是有“模式”的，只要照着做就能切实提高学习成绩，或者准确地找到正确答案。

比如“家庭学习中应做之事的基本流程”“讲解数学应用题的过程”等。

而且，无论是在小学阶段，还是初高中阶段，基本的“模式”都是一样的。因此，如果能趁现在好好掌握，那也会是孩子今后强有力的“武器”。

关于“模式”，我会在后面进行详细介绍。

规定家庭学习的“场所”和“时间”

首先，我们来说一下为什么有必要进行家庭学习。

光靠在学校的上课时间，是无法做到“记住汉字和单词”“锻炼计算能力”的。

因此，“不断练习新学的汉字，直到什么都不看也能写正确为止”“不断做计算题以提高计算能力”等训练就必须在家里自己完成了。

当孩子步入高年级后，预习第二天的上课内容也会变得更加重要。

另外，到了初中阶段，为了应对定期进行的考试，就必须自己学习大量的内容。

养成“在家学习”这一习惯的第一步，就是要把“坐在桌前这一行为”变成习惯。

前面已经介绍过了，无论做什么事，要想使某种行为成为习惯，规定“场所”和“时间”是很重要的。当然，学习也是如此。

首先是学习的“场所”

如果孩子有自己的房间，我们自然也可以把学习的场所放在那儿，但孩子要养成坐在桌前学习的习惯和“正确的学习方式”，那就离不开父母的支持。因此，将学习的场所放在客厅、饭厅的一角等父母能够直接看到的地方会更好。大家可以根据家庭的实际情况来决定孩子学习的场所，比如，可以把特定的桌子用于学习，或者准备专用的书桌。

在家学习必备的物品有笔、卷笔刀、笔记本、垫子、课本、错题集等，这些必备物品最好放在孩子坐着伸手就能拿到的地方。因为，有时候为了拿这些东西而学到一半就站起来的话，孩子的注意力就会变得不集中。另外，尽量不要让玩具、漫画等进入孩子的视野。当然，到了学习时间，就要关掉电视。

其次是学习的“时间”

如果采取“无论什么时候学习都可以”的态度，那孩子就很难养成学习的习惯，所以规定“即使正在做其他的事情，但到了××点也一定要坐在桌前”是很重要的。

虽然孩子能够先学习再玩耍是再好不过的了，但是和朋友一起玩耍的体验也是非常重要的。

首先我们希望孩子养成的是坐在桌前的习惯，所以或许把学习时间定在傍晚孩子从外面玩耍回来到晚饭前是比较现实的。

其次是学习的时长，最开始让孩子坐在桌前坚持 10 分钟就足够了，而且不要突然让孩子学习。开始的这段时间，让孩子做一些涂颜色、找错、连点成线、走迷宫等互动游戏也是可以的。总之，开始能够做到“到了规定的时间就坐在桌前，拿着铅笔做些什么”就可以了。

掌握正确的学习方法

在家学习的基本流程

学习的最大目的是理解在学校所学的内容，并学会解题。

因此，在家学习的时候，首先要通过做题来检查自己是否理解了在学校所学的内容。其次，如果有不理解的地方，就要自己去复习课本，或寻求父母帮助，以便将内容理解透彻。

①在笔记本上写下日期和页码

↓

②把问题抄在笔记本上，然后解答问题

↓

③对照答案订正错误

以上步骤看似是理所当然的事情，但实际上经常会出现“跳过不理解的部分，总是重复已经理解的部分”的情况。所以，家长要教给孩子正确的学习流程，并帮助他们每天反复执行这一流程。

对于汉字和英语单词，还需要另外的练习——反复写，直到不对照着也能写正确为止。

最好的教材是课本

也许有的爸爸妈妈认为：“要让孩子学习，就得买习题集和参考书。”但在家学习的时候，彻底掌握课本知识才是最基本的。课本简明易懂地总结了孩子当时所需掌握的所有内容。可以说，没有比学校的课本更优秀的教材了。

当然，参考书也凝结着许多人的心血，但基本上只是把课本里的内容用不同的方式表达出来而已。为了引起孩子的兴趣，参考书运用了大量的漫画和专栏，但这些只是附加要素罢了。

“希望孩子能好好掌握学校的教学内容”的话，至少在小学阶段，仅用课本就足够了。把教材上的问题全部解决之后，就可以开始练习学校发的习题了。

做题的时候，如果有不理解的地方，就不断复习课本内容，直到能够理解为止。如果仅凭孩子自己的能力依旧无法理解的话，爸爸妈妈可以给予他们指导。

例如，在数学方面，很多孩子在三年级学习“分数”时会遇到困难，但如果用食物和饮料让孩子亲身感受“$\frac{1}{3}$”和“$\frac{1}{4}$”的话，孩子便会很容易理解。

每天的家庭学习任务清单

在帮助孩子养成家庭学习习惯的时候，切忌贪心，不要想着什么都要做，面面俱到。

大人也是一样。如果为了资格考试或语言学习，把计划排得满满当当，每天听 30 分钟广播讲座，再做 10 页习题集之类的，那也会喘不过气来。

一开始可以学习些简单的内容，但是要坚持每天都做。

对于小学低年级到中年级的学生来说，家庭学习的核心是练习汉字以及做算术题或应用题。比如，最初的学习量可以定为“把 3 个汉字写 5 遍，再做 5 道计算题”。

如果能坚持每天这样做的话，就是大成功了。

小学一、二年级的学生可能还做不到写汉字和做计算题两者兼顾。在这种情况下，把其中一项替换为帮忙做家务会比较好，比如，“到了 ×× 点，就去收拾玄关的鞋子，然后做 5 道算术题哦”。

比起一直坐在桌前，孩子更擅长活动身体。所以，这样做能够降低孩子一天完成两个任务的难度。在孩子习惯了每天完成两个任务后，就能顺利地将“帮忙做家务”这一项替换成学习任务了。

如果孩子完成了当天的任务，要及时表扬他，并在积分卡上贴上贴纸或盖上印章。

孩子如果体会到了得到爸爸妈妈的表扬和贴纸增多的喜悦，那么第二天和之后的每一天都会很高兴地去做（为了避免孩子不小心忘记，到了规定时间时，请爸爸妈妈提醒一下孩子哦）。

在习惯了练习写汉字、做算术题后，就可以把阅读理解、理解谚语和成语、背诵课文等也加入到学习清单中去了。孩子只要每天从清单中选择两项任务去做就可以了。

如果年级再高一点儿的话，建议再增加英语单词的练习。寒暑假的时间比较充裕，所以还可以背诵理科的一些公式和文科一些重要用语的概念，或整理理科和文科的笔记等。

对各科目的建议

不同的科目需要注意的地方也不同。下面，我就围绕孩子容易困惑的点来和大家谈谈在家庭学习中各科目应该注意些什么。

数学

横向冗长的计算公式是错误的“元凶”

由于很难用语言表达，所以请大家先翻到下一页，看一下第一个例子，这就是“横向冗长的计算公式”。由于计算公式太长，不能一目了然，所以检查的时候很难发现其中的计算错误。这是横着写计算公式的一大弱点。

这种情况下，可以引导孩子尝试把等号竖着对齐写，然后进行同样的计算。

怎么样？这样的话，计算的过程就一目了然了，即使有计算错误也能马上发现。所以，要尽早帮助孩子养成“把等号竖着对齐进行计算”的习惯。

在这一过程中，还有一个很重要的问题，就是要时不时地问孩子:“你能写几行啊?”这样做的目的是让孩子养成认真写中间计算步骤的习惯。懒得书写的孩子，不知不觉就会想省略中间的计算步骤。

以第二种式子为例，如果不写第2行的“$2\frac{15}{12}-\frac{8}{12}$”，而只是心算“$3\frac{3}{12}-\frac{8}{12}$”，就直接得到“$2\frac{7}{12}$”的答案，像这样的计算方法就很容易出现错误。所以要尽量避免心算，多动手，写清、写全中间的计算步骤，再进行笔算。这是学好数学的一大关键因素。

如果在小学的时候就掌握了这个技巧，到了初中、高中，即使计算变得复杂，也可以防止出现低级错误。

容易出错的计算方式

×

$$3\frac{1}{4}-\frac{2}{3}=3\frac{3}{12}-\frac{8}{12}=2\frac{15}{12}-\frac{8}{12}=2\frac{7}{12}$$

○

$$\begin{aligned}3\frac{1}{4}-\frac{2}{3}&=3\frac{3}{12}-\frac{8}{12}\\&=2\frac{15}{12}-\frac{8}{12}\\&=2\frac{7}{12}\end{aligned}$$

把等号竖着对齐进行计算就能减少错误的发生。

应用题的解题“模式”

下图总结了应用题的正确解题步骤。

应用题的解题方法

1. 读问题
2. 用图或者表格把问题的内容表示出来
3. 思考所要用到的公式
4. 写出公式
5. 计算
6. 写下答案

擅长解答应用题的孩子大多都是按照这个顺序解题的。

而不擅长解答应用题的孩子，既不画图，也不斟酌要使用的公式，总想一下子就做出来。其中，还有一些“不把题目读完”就做的“勇士”。

如果不能改掉错误的做法、掌握正确的“解题模式”，那么无论过多久，解题能力都不会得到提高。

为了让孩子掌握这种解题“模式”，学校的课本和讲义中经常采用填空法。

例如，在应用题下方配有插图，要求在空格处填入数字。甚至还会有“解答本题应该用哪个公式呢？”这样的问题以及填写答案的位置等。这样一来，孩子就能按照图中所示的“应用题的解题方法”进行解题。

有的孩子能够通过这样的填空方式理解并掌握解答应用题的“模式”，但大多数孩子仅停留在按照提示填空的层面。

到了小学四、五年级，这种“通过填空，自然就能找到正确答案”的“贴心服务”就从课本和讲义上消失了。这样一来，之前什么都不考虑、只是机械地填空的孩子就会变得束手无策。

因此，建议孩子到了小学三、四年级后，家长在家庭学习笔记上设置像第 140 页中的解题框后，再让孩子解答应用题。

当课本和习题册上的题目都是填空题的时候，也要对它们“视而不见”，把问题抄在有解题框的笔记本上，然后把问题下面的框一个个填写完毕，同时自己思考正确的解题方法。

在笔记本上设置解题框，按照“模式”来解题，就能在做不出题目或者答案不正确时，自己找到错误原因。然后，孩子就能清楚自己应该做的事情以及应该注意的地方，比如“画错图是因为没有正确理解问题”“忘记公式了，再去看课本复习一下吧”。

小学三、四年级是孩子对父母的话言听计从的阶段，因此也是其掌握“模式”的绝佳时机！一旦孩子养成了这一解题习惯，那到了初中、高中，家长也就能省心多了。

解应用题专用的笔记本制作方法

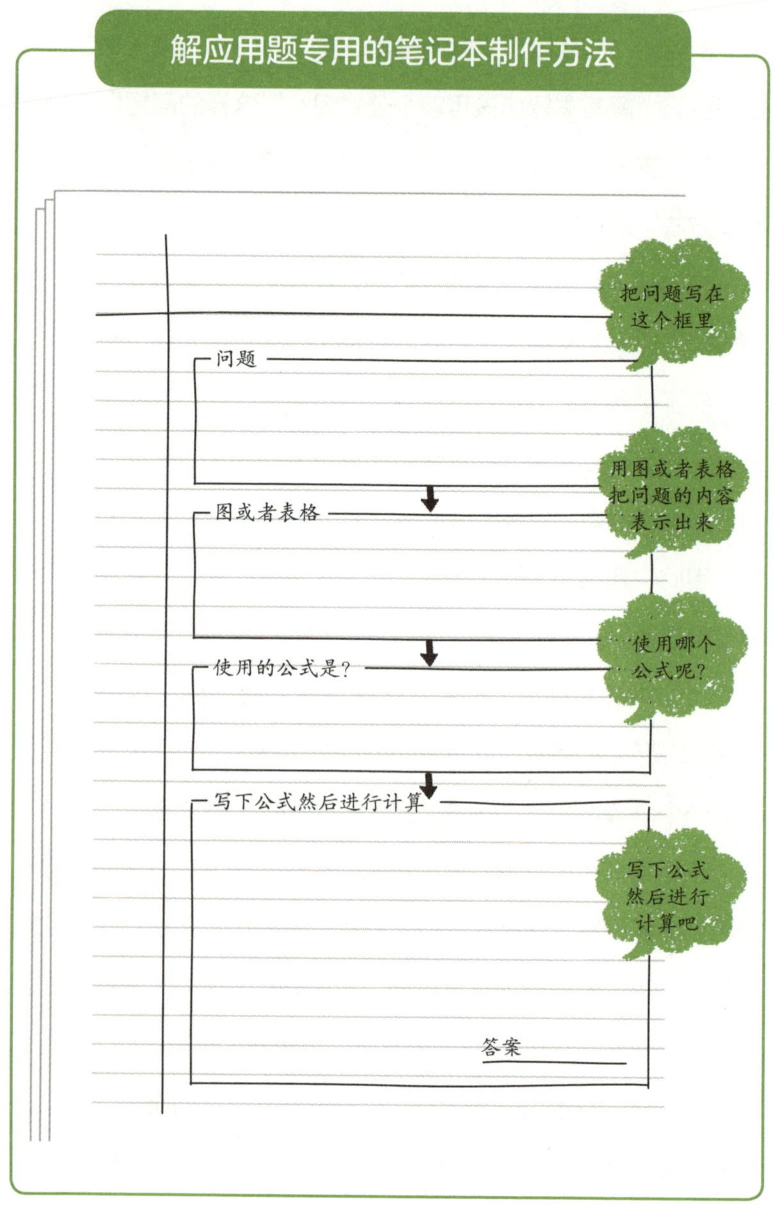

数学学习不能脱节，否则后果很严重

无论是哪一学科，新学的内容和以前学的内容之间都是有联系的，特别是像数学这种联系紧密的学科。

例如，在初二学习二元一次方程的时候，经常会出现这样的问题：我家离车站有 2.4 千米，中途会经过市政府。如果在到达市政府前以每分钟 50 米的速度步行，从市政府到车站以每分钟 100 米的速度步行，正好 30 分钟就能到车站。请计算从我家到市政府和市政府到车站的距离。

在解答这道题时候，即便已经完全掌握了二元一次方程的列式和计算方法，却没有记住小学六年级时学过的“速度 = 距离 ÷ 时间”，那也是不行的。

也就是说，在六年级的时候没有完全理解这部分内容就糊弄过去的孩子，是做不出初中二元一次方程应用题中经常出现的有关“路程、速度、时间”的问题的。

反过来说，如果初中阶段难以解决“路程、速度、时间”的问题，那去翻翻小学六年级的数学课本就可以了。

六年级的数学课本是面向小学生的，简单易懂地解释了速度的概念和计算方法，所以初中的孩子是一定能掌握的。

从这个例子中可以看出，数学的学习内容从小学到初中、高中都有系统的联系，所以每个单元都要好好掌握。另外，为了在遇到问题的时候能够“回炉重造”，请一定不要丢掉数学课本。

“正确率”和“速度”都很重要

拿到100分自然是件高兴的事。这是孩子认真、没有失误地解题的结果，必须好好表扬他。

在小学低年级阶段，正确率比什么都重要。为了防止出现低级错误，首先要让学生掌握能够推导出正确答案的“解题模式”。

到了中年级和高年级，就要开始关注解题速度了。

同样的试卷，有的孩子花10分钟就能做完并得到满分，有的孩子则需要花1个小时才能做完并得到100分。这就说明，两个人在计算上的熟练程度是完全不同的。

在平时考试和入学考试中，必须在有限的时间内解答大量的问题，然后还要检查、确认答案，所以快速解题的训练也是很有必要的。循序渐进地好好练习吧。

锻炼解题速度乍一看很困难，但其实是件很简单的事情。例如，家长在说完“20分钟内把这5道题做完”后，把秒表放到孩子面前，孩子的注意力就会大大提高，从而开始利落地解题。

一开始可以分得细一点，比如“在××分钟内做完这些题目”。等孩子习惯了之后，就可以设定“包括检查在内，在××分钟内做完这一页上的所有题目或整张卷子”这样的目标，让孩子快速地去完成。

语文

在家里学习小学语文，主要是进行汉字的书写练习。

在养成书写练习的习惯后，还可以加入查找新学成语和谚语的意思并背诵等项目。

喜欢背诵的孩子和对语言感兴趣的孩子，说不定很快就能掌握课本的内容。在这种情况下，可以提前学习下一学期的内容。

家庭语文学习的另一个重点是“阅读理解”的训练。例如，最终的目标可以设定为“在小学四年级前能够读懂课本上的文章（或者文字量差不多的文章），并概括其大意”。

话说回来，虽然小学一、二年级的孩子阅读理解能力参差不齐，但擅长阅读理解的孩子几乎都有一个共同点，那就是家长在其幼儿期读了很多故事给他们听。语言的抑扬顿挫和感情的投入方法是自然而然地从耳朵开始学起的。此外，这还锻炼了孩子在听到文章后想象当时的场景及整个故事情景的能力，因此在之后自己阅读时，也能迅速抓住故事的关键。

对于不擅长阅读理解的孩子来说，再有魅力的故事也不过是文字的罗列而已。由于他们只是把排列的汉字一个一个地按顺序看完，所以经常会出现读完后也不知道文章讲了什么的情况。

因此，之前没有“给孩子读故事”习惯的家庭，或者感觉孩子阅读能力不够的家庭，请一定要尽快尝试“给孩子读故事”这一方法。

可能很多人会认为“给孩子读故事”应该是在孩子的婴幼儿阶段，但其实并没有年龄限制。近年来，专门给大人读故事的活动都在不断增加。

虽说已经长大了，但还是爸爸妈妈的孩子。如果爸爸妈妈读故事给孩子听的话，他一定会非常高兴的。

有点儿跑题了，让我们回到阅读理解的话题。

一开始就要求写出故事梗概是很难的，所以可以先在孩子看完故事后，问他“主人公是谁”，然后让其写在笔记本上。习惯了之后，再让他列举其他出场人物的名字及每个人都做了什么等。

在阅读之前，还可以告诉孩子：“待会儿我要问你 ×× 和 ××，你要记得告诉我哦。”这样，孩子就可以边读边注意这些内容。特别推荐在训练期间运用这个方法哦。

我觉得正式的写作训练最早从五、六年级开始就可以了。

但是，如果寒暑假作业中有写日记或图画日记的任务的话，家长可以时不时地去检查一下，并给出类似“你把发生的事情清清楚楚地记录下来了呢！下次，可以试着把自己当时的内心活动也写进去哦！”的建议。这样一来，就可以在不怎么增加孩子学习负担的基础上，帮助其提高写作能力了。

英语

近年来，越来越多的家长开始看重孩子的英语学习，甚至在家也要求孩子学习英语。

“能用汉语说出英语单词的意思”“读汉语，能写出相同意思的英语单词”这两点是最常规的英语学习方式。

英语单词记得越多越好，所以可以一边享受记单词的过程，一边不断地学习。

简单的问候等，可以从小学开始一点点记忆。等上了初中，再去学语法。

如果有时间的话，建议让孩子学习自然拼读法（Phonics）。

自然拼读法（Phonics）是基于英语拼写和发音规律的学习

方法，是母语为英语的孩子在学习读写时使用的方法。

如果掌握了这一方法，就可以做到“发音接近英语母语者”“能根据单词的发音拼写单词”“即使是第一次看到的单词，也能够基本正确地发音”。

如果从小学五年级开始正式设立“英语”科目，那就让孩子从四年级的暑假前后开始学习英语单词吧。

结　语

要让孩子养成良好的习惯，父母有太多事要做了。

- 传授方法
- 规定时间和地点
- 每天到了时间就去提醒
- 一边给予关怀，一边检查做得是否正确
- 及时给孩子肯定和表扬

某个行为一旦成为习惯，孩子就会自发地去做，但在习惯养成之前的支持与帮助可能会有点儿困难。尤其是对于还要上班的妈妈来说，时间非常有限。

如果感到很吃力，觉得“我可能坚持不下去了……”，请试着从非常简单的事情开始。不用每天都做，每周做 2~3 次就可以了。

就像成功的体验对孩子来说很重要一样，爸爸妈妈也需要成功的体验。家长也要设定小目标，然后体会达成小目标的喜悦。

积分卡对爸爸妈妈同样具有鼓励作用。

看着贴纸和印章一个一个地增加，大多数人都会发自内心地高兴。如果是大人，可以设置奖励，比如“攒够 50 分的话，就去那家店吃喜欢的蛋糕”。

爸爸妈妈可以在相互鼓励的同时，一边享受，一边把“支持孩子”这一行为“坚持”下去。

还有一点，我想告诉爸爸妈妈——请不要对孩子寄予太高的期望。

从古至今，所有的父母都或多或少地对自己的孩子寄予期待和希望，这是无可厚非的。但是，如果期待过度，或者只关注孩子“做不到的事情”，就会给孩子造成很大的压力，也有可能引起亲子之间不必要的冲突。

很多爸爸妈妈经历过很多失败，也很清楚自己的缺点。所以他们不想让孩子走弯路，犯同样的错误，于是，就会强迫孩子拼命学习自己不擅长的数学；自己不守时，却严格要求孩子必须守时；小时候自己吃不了青椒，就命令孩子必须把青椒吃下去；自己没能实现“弹钢琴”的梦想，就让孩子去实现……

请回想一下，当你被医生告知怀孕的时候，当你对肚子里的孩子温柔地说话的时候，还有，当你看到孩子出生的时候。

各位妈妈一定打心底觉得“只要孩子能健康成长就足够了”！

但是，随着孩子的长大，“为什么就是整理不好？！”“能不能再努力一点儿！”这样的不满和要求便接踵而至……

当你有“最近我老是吼孩子”“是不是对孩子期待太高了”这样的想法时，请务必回想一下孩子出生的时候。

每个孩子都是不可替代的存在，如果本书能让你的孩子掌握“坚持力”，能够坚定地走向未来，我将不胜欣喜。

同时，我也要借此机会向为了孩子而购买本书的爸爸妈妈表示由衷的感谢！

参考文献

杉山尚子、岛宗理、佐藤方哉、理查德·W. 马洛特、玛丽亚·得·E. 马洛特:《行为分析学入门》，产业图书。

岛宗理:《绩效管理——解决问题的行为分析学》，米田出版社。

R. M. 加涅、K. C. 戈勒斯、J. M. 凯勒、W. W. 韦杰:《教学设计原理》，铃木克明、岩崎信译，北大路书房。

马尔科姆·格拉德威尔:《天才！成功人士的法则》，胜间和代译，讲谈社。

译者简介

鲍忆涵

毕业于北京大学日语系，曾作为北京师范大学交换生赴日本早稻田大学进修。译有《倾听马克思》《青年们，读马克思吧 Ⅲ》《懵懵懂懂青春期预备图册》《培养比成绩更重要的非认知能力》等，校译《身体与椅子》《制造东京》等。

策划编辑：鲁艳芳
责任编辑：王晶晶
责任印制：田雅仙
营销编辑：张九月　刘晓丽
封面设计：尚世视觉 Q：1925790460 · 1273158535

暖心灯 亲子馆

“我们家孩子做什么都坚持不了太久。”

“我们家的孩子好像意志力很薄弱。”

“我自己也不是个能够坚持的人，这种‘三天打鱼，两天晒网’的性格大概是遗传的吧，我也没办法了。”

……

以上困惑，一网打尽。

让孩子告别三分钟热度，逐渐养成坚持力！

上架建议：亲子/教育

定价：39.80元